看一眼就记得住的记得住的物理趣谈

尤国平 著

时代文艺出版社
SHIDAI WENYI CHUBANSHE

图书在版编目（CIP）数据

看一眼就记得住的物理趣谈 / 尤国平著. -- 长春：
时代文艺出版社, 2025.3. -- ISBN 978-7-5387-7570-9

Ⅰ. G634.73

中国国家版本馆CIP数据核字第2024H5N158号

看一眼就记得住的物理趣谈
KAN YI YAN JIU JIDEZHU DE WULI QUTAN

尤国平　著

出 品 人：吴　刚
产品总监：郝秋月
责任编辑：陈　阳
助理编辑：赵兵欣
特约编辑：王　彦
装帧设计：丫丫书装·张亚群
排版制作：东方巨名

出版发行：时代文艺出版社
地　　址：长春市福祉大路5788号　龙腾国际大厦A座15层（130118）
电　　话：0431-81629751（总编办）　　0431-81629758（发行部）
官方微博：weibo.com/tlapress
开　　本：710mm×1000mm　1/16
印　　张：18.75
字　　数：225千字
印　　刷：运河（唐山）印务有限公司
版　　次：2025年3月第1版
印　　次：2025年3月第1次印刷
书　　号：ISBN 978-7-5387-7570-9
定　　价：49.80元

图书如有印装错误　请与印厂联系调换　（电话：13701275261）

前言

走进奇妙的物理世界

你知道影子的奥秘吗？

为什么鞋底会设计花纹？

为什么水往低处流？

这些生活中的常见现象，在这本书里都能找到答案。这本书不仅会告诉你很多有趣的物理知识，更重要的是，还会帮助你深入理解身边的物理现象，将知识和实际生活联系在一起。

为什么很多人会惧怕学习物理呢？

一、认为物理很难学

二、认为物理很无趣

三、认为物理很抽象

这是因为在学习物理的过程中，他们没有感受到物理的美妙。

物理有多重要呢？

在专业选择上，很多专业课程都与物理有关。例如电子信息、通信工程、生物医药、土木建设、化学、环境和材料等。

在日常生活中，从水电煤气到衣食住行都与物理有关。所以，让我们从实际生活出发，探索物理知识的魅力。

说完了学习物理的重要性，那么如何解决上面的难题呢？

一、物理很难学？

物理学习并没有你想象的那么难，只是你还没有掌握学习物理的方法。就像骑自行车一样，当你不会骑的时候，你会说骑自行车好难呀，但当你学会了以后，你就不会认为骑自行车是一件难事了。

学习最重要的是找对学习方法。对自己有信心，从学习知识的框架里跳出来，多思考怎么学，找到适合自己的学习方法，不断总结反思，并去努力实践，才能更轻松地学好物理。

二、物理很无趣？

当被问到"为什么要读物理学"时，我的答案是："希望同学们有好奇心去探索，从而建立科学思维。"

从前，有一位伟大的物理学家叫费曼，在好奇心的驱使下，他12岁就开始做实验了！他分离出紫色的光，发明灯控系统，用显微镜研究虫子，观察蚂蚁的行进路线。直到有一天，费曼在校园里看见学生们玩飞盘游戏，突发灵感，研究出了飞盘的运动原理，并获得了诺贝尔物理学奖。

三、物理很抽象?

很多人说物理抽象,是因为物理中有很多概念很难理解。概念不是凭空产生的,是从看得见、摸得着的物理现象中提炼出来的!学习物理时,要多分析物理过程和物理现象,这样才能加深理解。只满足于背概念和背公式,然后找数据去套用公式,是不可能学好物理的。

学物理要理论结合实际,初中物理与实际生活联系非常密切,一点儿也不抽象。要从实际生活中寻找有趣的物理现象,并努力用物理知识解释这些物理现象,这才是物理学习中最重要的一点。

本书覆盖了初中物理的主要知识点,提炼了物理教科书的重要章节,用通俗有趣的语言讲述物理原理,让你学得会、记得住、讲得出,学习物理不再难!

CONTENTS
目录

1

第三章　五光十色，探索光的奥秘

第四章　不差分毫，认识质量和密度

第五章　同心合力，来到力学新天地

第六章　举足轻重，揭秘压力和压强

第七章　电光石火，学习奇妙的电学

第一章

追风逐电，探究运动和速度

1 为什么要进行测量?

"爸爸，从今天开始我要学习物理了。我想问一下怎么才能学好物理？"小明坐在桌前，手里抚摸着一本崭新的物理书，扭头问爸爸。

爸爸语重心长地说："小明啊，想学好物理一定要重视测量。"

小明问："为什么呢？"

爸爸说："测量就像一把神奇的魔杖，可以让世界变得清晰可控。比如说，你去改衣店里，想将裤腿裁短3厘米，裁缝会拿出皮尺，量一下裤腿长度再进行修改。要是不拿皮尺丈量，很容易多裁或者少裁。"

小明说："确实是这样。原来测量这么重要！"

爸爸说："当然重要！下次当你看到有人拿着尺子或者别的测量工具时，你要知道他们是想要更好地解决问题！"

测量是我们揭开自然规律之谜的钥匙。用精确的工具和方法，对物体的各种属性进行细致的"询问"和"记录"，赋予它们以数字和单位，使之成为我们可以理解和交流的语言。

测量为什么如此重要呢？

在物理学的课堂上，测量不仅仅是实验的一部分，它是理解物理概念、验证物理定律的基础。通过测量，我们能够将抽象的理论转化为具体的实践，将模糊的概念转化为清晰的认知。从体温计测量体温、电子秤测量质量，到尺子测量长度、钟表记录时间，测量在我们的生活中无处不在。

一、视觉容易产生错觉

处于中心位置的两个圆形哪一个面积更大？帽檐直径AB与帽子高CD哪一个更长？

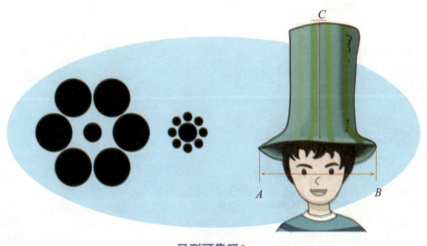

目测可靠吗？

生活中我们常通过眼睛直接判断物体的长短。处于小圆中心位置的圆形面积似乎更大，帽子高CD好像比帽檐直径AB更长。真的是这样吗？

用尺子测量一下就会发现：小圆中心位置圆形的直径跟大圆中心

位置圆形的直径相等，所以两个圆形一样大；帽子高CD跟帽檐直径AB长度也相等。

人类通过视觉感知物体时，物体的几何形状、光照条件和颜色对比等外界因素，加上人眼生理结构限制和心理认知偏差，容易产生视觉错觉现象。因此，单纯依赖肉眼观察往往无法保证准确性。

二、估测不准确

我们生活中存在着各种各样的比较，凭感觉只能粗略比较物体的长度、大小、多少、高低、快慢等，想要准确知道具体数值几乎不可能。

感觉可靠吗？

比如：两位同学比高矮，两支铅笔比长短。通过目测可以看到两个同学有高有矮，两支铅笔也有长有短，但两个同学高矮差多少厘米？两支铅笔长短差多少毫米？这些根本就不能准确估算出来。所以，估测同样不准确。

看一眼就能记住的知识点

测量的意义

测量的意义在于获取物体或现象的尺寸、数量或程度等信息，以便进行科学研究、工程设计、资源开发、交通运输、土地利用等各种活动。测量可以帮助我们了解和掌握客观世界的实际情况，为我们提供决策依据和指导。

想象一下，如果医生看病不用听诊器和体温计会怎么样？就像我们闭着眼睛摸黑走路一样危险！其实测量技术就像科学家的"眼睛"，在我们生活中发挥着超能力呢！例如，建筑师需要通过测量来确保建筑物的高度、宽度和深度符合规范要求；农民需要测量土地面积、土壤湿度等参数，以制定科学的种植计划；声速测量仪能帮助研究者掌握声波在不同介质中的传播特性；光谱仪则可通过物质的光谱特征分析其化学成分……

如果你想测量一座山的高度，你会怎么做呢？即使你有最敏锐的视力，也很难准确估测出山的高度。这是因为人类的感官只能分清楚几米、几十米、几百米这些有限的距离。如果一座山高达几千米，又缺少合适的参照物，就很难搞清楚这座山到底有多高。

这时候，就需要使用测量工具了。我们可以用一个叫作气压计的仪器来测量山的高度。气压计可以测量大气压强，而大气压强又会随着海拔高度的变化而变化。通过测量大气压强，就可以推断出山的高度。

为什么要使用测量工具?

仪器和工具能够帮助我们进行准确的测量。借助仪器，我们可以更好地了解世界，探索未知的领域。

生活中常见的测量工具包括尺子、卷尺、量角器、温度计、秒表和电子秤等。尺子和卷尺用于测量长度，量角器用于测量角度，温度计用于测量温度，秒表用于测量时间，电子秤用于测量重量。这些工具帮助我们准确获取物体的尺寸、温度、时间和重量等信息，广泛应用于日常生活和学习中。

为什么物理学要使用国际单位制呢？

随着经济、科技发展，人们逐渐认识到国际交流的重要性，必须要制定统一的单位标准。鉴于这种认识，国际计量组织制定了一套国际统一的单位，称之为国际单位制（SI），推荐各国使用。

看一眼能背会的知识点

国际单位制

国际单位制一共有七个基本单位。物理学中的其他单位，都可以由这七个基本单位推导出来。

国际单位制（SI）的七个基本单位

物理量名称	单位名称	单位符号
长度	米	m
质量	千克（公斤）	kg
时间	秒	s
电流	安［培］	A
热力学温度	开［尔文］	K
物质的量	摩［尔］	mol
发光强度	坎［德拉］	cd

看一眼
就懂的物理学常识

测量的意义

国际单位制基本单位：米（m）、千克（kg）、秒（s）、安培（A）、开尔文（K）、摩尔（mol）、坎德拉（cd）。

2

长度和时间怎么测？

　　小明翻抽屉找出一把卷尺，爱探索的他对身后的爸爸说："卷尺是用来测量长度的，对吧？爸爸，我们一起来开启长度的测量之旅吧！"

　　他们从测量房间的长度、宽度和高度开始，依次测量了桌子、床和橱柜的尺寸，他们还用卷尺测量了小明的书包和铅笔。小明非常兴奋，他发现通过测量，他可以知道周围事物的信息。

　　小明问爸爸："时间怎么测量呢？"

　　爸爸说："时间就像是一条长长的河流，我们用钟表来测量。"

　　小明笑了："时间也有长度吗？"

　　爸爸微笑着点头："是的，时间也有长度。很久以前人类就以地球自转一周的时间作为时间单位，称之为一天（日）。"

　　看着身边的卷尺和钟表，小明更加尊重这些测量工具了，因为测量工具可以帮助他更好地理解这个世界。

长度测量

长度是物理学中的基本物理量。在国际单位制中，长度的单位是米（m）。常用的长度单位还有千米（km）、分米（dm）、厘米（cm）、毫米（mm）、微米（μm）、纳米（nm）等，它们之间的换算关系如下：

单位	符号	与米的换算关系
千米	km	$1\ km = 1000\ m = 10^3\ m$
米	m	$1\ m = 1\ m$
分米	dm	$1\ dm = 0.1\ m = 10^{-1}\ m$
厘米	cm	$1\ cm = 0.01\ m = 10^{-2}\ m$
毫米	mm	$1\ mm = 0.001\ m = 10^{-3}\ m$
微米	μm	$1\ μm = 0.000001\ m = 10^{-6}\ m$
纳米	nm	$1\ nm = 0.000000001\ m = 10^{-9}\ m$

中学生伸出一只手臂，从指尖到另一侧肩膀的距离大约是 1 m，握紧拳头的宽度大约是 1 dm，中指手指的宽度大约是 1 cm。

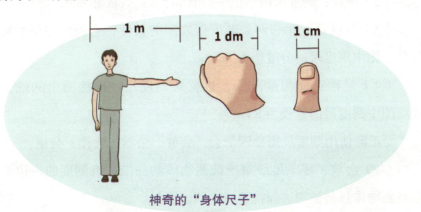

神奇的"身体尺子"

当我们想要知道某一物体的长度时，可以与身边已知长度的物体进行比较，这样可以粗略估算出待求物体的长度。我们平时要多注意观察身边的物体，巧记一些常见物体的长度，比如说，学校的课桌高度大约为 80 cm，中学物理课本的厚度约为 1 cm，一个篮球的直径大约为 30 cm等。

长度的测量工具有刻度尺、游标卡尺、螺旋测微器、卷尺、三角尺等，刻度尺是常用的测量工具。

先认识一下刻度尺吧。刻度尺的单位、零刻度线、量程和分度值如图所示：

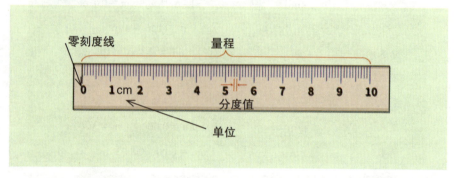

（1）零刻度线：刻度尺的起始刻度，使用时要注意刻度尺的零刻度线是否磨损。

（2）单位：刻度尺的单位一般有 m、dm、cm 和 mm。

（3）分度值：相邻两条刻度线之间的长度，它决定测量的精确程度。图中刻度尺的分度值为 0.1 cm。

（4）量程：即测量范围，也就是刻度尺一次能测出的最大长度。图中刻度尺的量程为 8 cm。

要正确使用刻度尺需要四个会：会放、会看、会读、会记。

（1）会放：零刻度线对准被测物体的一端，有刻度的一边要紧靠被测物体且与被测边保持平行，不能歪斜。

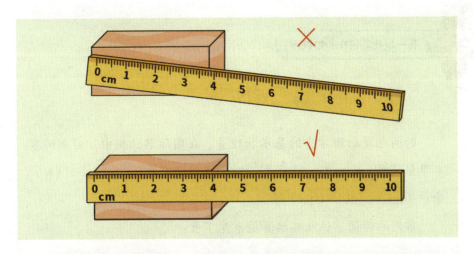

（2）会看：视线要正对刻度线（或垂直于刻度尺尺面）。

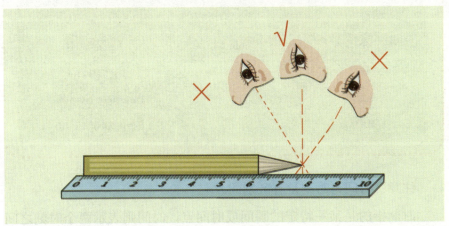

（3）会读：读数时，先大格后小格，要估读到分度值的下一位。图中刻度尺的分度值为 0.1 cm，可以读出铅笔的长度为 7.00 cm，要估读到毫米的下一位。

（4）会记：记录时，测量值由准确值、估读值和单位组成。估读值有且仅有一位，估读到分度值的下一位。

看一眼就能记住的知识点

时间测量

时间也是物理学中的基本物理量。在国际单位制中，时间的基本单位是秒（second），符号是 s。时间单位还有分（min）、小时（h）、毫秒（ms）、微秒（μs）等。

常用的时间单位及其换算关系见下表：

单位	符号	换算关系
时	h	1 h=60 min=3600 s
分	min	1 min=60 s
秒	s	1 s=1000 ms
毫秒	ms	1 ms=0.001 s=10^{-3} s
微秒	μs	1 μs=0.000001 s=10^{-6} s

注意：时间与时刻是有区别的。

时刻指的是某一特定的瞬间或时间点。时间则表示两个时刻之间的间隔长短。例如：某同学周末从上午 8:30 开始做作业，9:40 完成作业，这里的 8:30、9:40 表示时刻，所花费的 70 min 为时间。

测量时间的常用工具有钟表、秒表、手表等。在现代生活中，通常用钟表测量时间，实验室和运动场常用秒表测量时间。

看一眼需要收藏的知识点

误 差

进行测量时，受所用仪器和测量方法的限制，测量值与真实值之间总会有差别，这就是误差。任何测量都存在误差，所以误差是不可避免的。

误差和错误可不是一回事！误差是在正确测量的前提下，所测得的数值和真实值之间的差异，误差是不可避免的；而错误是由于不遵守测量仪器的使用规则，或读取、记录测量结果时粗心等原因造成的，错误是可以避免的。

	误差	错误
产生原因	（1）估读不可能非常准确 （2）仪器本身不够精密 （3）环境温度、湿度变化	（1）不遵守仪器的使用规则 （2）读数、记录结果时粗心
能否消除	不能消除，只能尽量减小	采用正确测量方法可以避免

减小误差的方法主要有三个：

（1）多次测量求平均值；

（2）选用精密的测量工具；

（3）改进测量方法。

看一眼
就懂的物理学常识

认识刻度尺：零刻度线、单位、分度值、量程

长度单位换算：$1\,km = 1000\,m = 10^3\,m = 10^4\,dm = 10^5\,cm = 10^6\,mm$

时间单位换算：$1\,h = 60\,min = 3600\,s = 3.6 \times 10^6\,ms$

3

为什么说我们在做机械运动？

　　小明放学回家，一进门就对正在扫地的爸爸说："爸爸，我今天把班里的垃圾丢进楼道的垃圾桶里，老师说我在做机械运动。可我不是机械呀！"

　　爸爸边扫地边说："我现在正在扫地，也在做机械运动哦。从字面上看，机械运动好像是机械做的运动。其实呀，机械运动指的是一个物体相对另一个物体位置的改变。"

　　小明摸摸头说："我还是不太明白。"

　　爸爸耐心地继续说："再给你举个例子。比如，树叶随风落下，雨水滴下来，老虎在山林中奔跑，还有我们爬龙虎山等，都是机械运动啊。"

　　小明又问："那到底什么是机械运动呢？"

　　爸爸说："物体的位置随时间变化了，就叫作机械运动。"

　　小明恍然大悟："明白了！"

看一眼需要收藏的知识点

什么是机械运动？

　　机械运动是自然界中最简单、最基本的运动形态。在物理学里，一个物体相对于另一个物体的位置发生变化，这个过程叫作机械运动，简称运动。咱们换句话说，我们把物体位置随时间的变化叫作机械运动。

　　空气流动也是机械运动，肉眼看不见，子弹运动也是机械运动，肉眼也看不见，地壳运动也是机械运动，肉眼也看不见。

　　睁大眼睛看看周围，一花一草，一虫一木，路上的车、马、人等等，当物体位置随时间发生了变化，他们就在做机械运动。例如，一阵风吹来，树叶不断变换姿态，最后飘然落地，它的位置在不断地变化，我们说树叶发生了机械运动。

　　小明每天上学放学，不管是从家到学校，还是从学校到家，其位置相对于地面始终在发生变化，属于机械运动。

　　上次春游时，小明全家乘坐的汽车位置相对于地球发生了较大位移，属于机械运动；昨天体育课上，每个同学在操场上跑了两圈，其位置相对于操场不断变化，也属于机械运动！

看一眼能背会的知识点

为什么要先学习机械运动？

机械运动的规律相对简单，更容易理解和掌握。学习机械运动是物理学入门的重要基础，我们可以理解物体的基本运动规律，如速度、加速度、位移等，这些都是后续复杂物理现象和理论的基础。

在物理学的入门阶段，学习易于理解、便于观察的物理现象，把基础打牢，提升学习物理的兴趣，有助于后面学习力学、光学、电磁学等基础物理知识。比如，后面我们会学到物体的运动和静止，还有物体的质量、体积和密度等物理量，它们都很抽象，甚至看不见，摸不着，怎么更好地理解呢？其实，学习了机械运动，我们就可以从运动的角度进行分析和理解了。

透明的空气的流动是机械运动吗？

空气的流动是机械运动！

当空气流动时，空气相对于地面或其他参照物发生了位置变化（例如风吹动树叶），因此符合机械运动的定义。

这种现象的成因主要与温度差异有关：太阳辐射使地表受热不均匀（比如沙滩比海水更容易吸热），受热的空气膨胀上升，周围较冷的空气会流动过来补充，从而形成风。这种因冷热不均引起的空气流动，就是我们日常生活中感受到的风。

看一眼
就懂的物理学常识

　　在物理学中，我们把物体位置随时间的变化叫作机械运动。

4

没有绝对的静止

暑假里，小明和爸爸坐上火车，打算去北京玩儿。

小明期待这次旅行很久了，坐在车厢里激动不已，他急切地问爸爸："我们的火车怎么还不发车呀？"

爸爸向旁边的窗户看去，旁边车轨上也有一辆火车。车厢好像抖动了一下，于是说："我感觉火车在慢慢启动了！"

小明发现对面的火车从窗户里一节车厢一节车厢地滑过，快活地说："嗯嗯，看到了，咱们的火车开动了。"

爸爸又往另一面窗户看去，说："咦？我们的火车根本没动！是对面的火车开走啦！你看，站台还在那里呢！"

小明叹口气说："哎，白高兴一场啊，原来还没有发车呀。"

这就是运动和静止的相对性带来的认知偏差。

为什么车在路上跑得越快，感觉道路两旁的树就往后飞得越快，而当车停下时，树又好像静止了？运动和静止，这两个概念在我们的生活中无处不在，有时它们就像在捉迷藏一样，让人找不到答案。别着急，我们一起来揭开它们的神秘面纱。

看一眼能背会的知识点

运动与静止的相对性

运动指的就是机械运动，而静止是指某物体相对于其他物体保持不动。如果此时你静静地坐在凳子上，那么请问你是处于运动状态还是静止状态？

如果相对于地球，你的位置保持不动，你是静止的；但是，如果相对于太阳，你在随着地球一起绕着太阳转，你就是运动的。

也就是说，判断一个物体是运动还是静止，必须要看相对于谁来说，要选定一个参照的物体。选定的参照物不同，该物体的运动状态就可能不同。

准确地说，宇宙中的一切物体都在运动，运动是绝对的。有同学可能会疑惑："我看到房子、树、大石头都是静止的，没有运动啊！"自然界中的一切物体都在运动，因为地球本身在自转，所以绝对静止的物体是不存在的。

那静止又是怎么来的呢？静止是物体运动的一种特殊状态，其本质是相对静止。在物理学中，若两个物体相对于同一参照物的速度大小和方向完全相同，则称它们处于相对静止状态。例如，空中加油机与受油机保持相同高度、同速飞行时，彼此可视为相对静止。

两个物体相对静止需要满足的条件为：它们之间的位置没有发生改变，也就是这两个物体要么都静止，要么以同样的速度朝同一个方向运动。

明明火车没有开动，为什么小明和爸爸却认为火车开动了呢？因为对面的火车开动了，他们把对面的火车当成了静止的参照物，就以为自己的火车开动了。

看一眼需要收藏的知识点

参照物

什么是参照物？人们判断物体的运动和静止，总要选取某一个物体作为标准。如果一个物体的位置相对于这个标准发生了变化，就说它是运动的；如果没有变化，就说它是静止的。这个作为标准的物体叫作参照物。

在坐火车的时候，可以通过窗外的景物变化判断列车的运动状态。例如，看到站台逐渐远离，说明列车正在启动——这是以站台为参照物的观察结果；而看到山峦、树木和房屋向后移动，则表明列车在前进——此时我们潜意识中将窗外景物视为静止的参照系。

当对面停着一辆火车时，就会把我们的视线全部挡住，我们就自然把对面的火车当成了参照物。看到对面的火车静止不动，就说明我们的火车也没动。若看到一节节车厢从窗前穿过，把对面开动的火车当成是静止不动的参照物时，就会误以为是我们的火车跑起来啦。我们习惯上把参照物当成是静止不动的，因此给我们带来了错觉！

运动的物体和静止的物体都可以作为参照物。通常情况下，多以选取地面为参照物。参照物可以任意选定，但一般不以研究对象为参照物。

运动和静止的相对性有什么应用呢？

物体的运动或静止状态必须基于同一参照物进行判断。当物体相对于所选参照物的位置（包括距离或方位）发生改变时，该物体是运动的；若位置未发生变化，则物体相对于该参照物是静止的。

人们常常巧妙地应用运动与静止的相对性为我们服务，如宇宙飞船在空中对接、飞机空中加油、接力赛中的接棒运动等。

利用运动和静止的相对性，可以实现飞机空中加油。作战中，为了提高军用飞机的航程，延长续航时间，常常使用空中加油机给飞机或直升机补给燃料。只要一架飞机与另一架飞机处于相对静止状态，并且距离足够近，就能采用一定技术实现空中加油的目的。

地球同步卫星

在中国辽阔的天际线上，有一个特殊的卫星家族——地球同步卫星。这些卫星以与地球自转完全同步的节奏运行，就像被无形的丝线精准牵引。它们的运行周期精确到 23 小时 56 分 4 秒，与地球自转周期完全一致，因此从地面观测，它们始终悬挂在赤道上空 3.6 万千公里的固定位置，宛如永不缺席的"太空哨兵"。不过要实现这样的"相对静止"绝非易事，科学家需要通过三级火箭将它们先送入近地轨道，再通过精准的变轨操作，最终像穿针引线般送入距地 3.6 万公里的赤道轨道。

中国的"太空哨兵"队伍正在不断壮大。风云四号气象卫星能 24 小时凝视台风动向，北斗导航系统的 GEO 卫星为亚太地区提供精准定位，还有那些默默守护电视信号传输的通信卫星，它们共同编织成一张覆盖天际的智能网络。这些看似静止的"天空守卫者"，实际上正以每秒 3.08 公里的高速飞行，在动与静的完美平衡中，守护着我们的数字生活。

看一眼
就懂的物理学常识

　　判断物体状态：选定的参照物不同，该物体的运动状态就可能不同。

　　两个物体相对静止的条件：它们之间的相对位置没有发生改变。

5

怎么描述物体运动的快慢?

周末的一天,小明和小天坐在公园的木椅上聊天。

小明问小天:"嘿,你听说过速度这个词吗?"

小天说:"我当然知道,它不就是表示运动的快慢吗?"

小明说:"对的。你知道吗,如果物体的速度太快,会发生很多有趣的现象呢,比如'时间膨胀'。"

小天问:"'时间膨胀'是怎么回事?"

小明解释说:"'时间膨胀'是指当物体运动得越快,时间就过得越慢哦!它是相对论里的一个现象。你知道吗,如果一个人坐光速飞船去太空旅行,他回来的时候可能会发现自己的时间比地球上的时间慢了几年呢!"

小天吃惊地说:"哇,速度太神奇了!"

什么是速度呢？

你在体育课上跑圈时，是不是希望自己能够像闪电一样跑得快？那么怎么描述跑得快慢呢？在物理学中，常用速度（velocity）表示物体运动的快慢。

速度是描述物体运动快慢的物理量，在物理学中，把路程与时间之比叫作速度。

如果用字母 v 表示速度，s 表示路程，t 表示时间，上面的公式可以写成：

$$v = \frac{s}{t}$$

速度的概念在我们的生活中无处不在。就拿我们乘坐的交通工具来说，交通工具行驶速度的快慢是影响你选择的一个重要因素。又比如在足球场上，一个球员高速冲刺，他运动的速度快慢就可能成为他突破对手防线的关键。

如何测量物体的运动速度呢？测量速度的方法有很多种。在日常生活中，我们最常用的就是计时器和卷尺了。用卷尺测量物体移动的距离，用计时器测量移动这段距离所用时间，然后用距离除以时间，就能得到它的速度。在科技更为发达的今天，我们还可以使用雷达测速枪、GPS测速仪等更为精确的测量工具。

速度的单位一般是由长度单位和时间单位组合而成的。在国际单位制中，速度的单位是米每秒，符号是 m/s 或 $\mathrm{m \cdot s^{-1}}$。

在交通运输中，可以用千米每小时作为速度的单位，符号是 km/h 或 km·h⁻¹。

怎么实现不同速度单位之间的换算呢？可以通过以下公式来转换：

$$1 \text{ km/h} = \frac{1000 \text{ m}}{60 \text{ min}} = \frac{50}{3} \text{ m/s}$$

$$1 \text{km/h} = \frac{1000 \text{ m}}{3600 \text{ s}} = \frac{5}{18} \text{ m/s}$$

假设一辆汽车行驶的速度是 60 km/h，它的速度是多少米每秒呢？

$$60 \text{ km/h} = 60 \times \frac{1000 \text{ m}}{3600 \text{ s}} = \frac{50}{3} \text{ m/s}$$

看一眼需要收藏的知识点

为什么要了解速度知识？

速度的知识对我们的生活和工作有着非常大的帮助。

交通工具速度的快慢成为我们选择不同方式出行的关键因素。汽车、飞机、火车等交通工具的速度可以大大提高我们的出行效率，缩短到达目的地的时间。同时，通过合理调配不同速度的交通工具，我们能更精准地规划出行时间与行程安排。

在体育竞技中，运动员需要多维素质去提升自身速度。快速的动作和反应可以帮助运动员在比赛中获得优势，提高比赛成绩。例如，田径短跑选手需要0.1～0.2秒内完成起跑反应；在冰球比赛中，冰球运动员更快的速度可以帮助他们进攻和防守。

　　物理学中的速度是一个非常重要的概念，它描述了物体运动的快慢，是研究机械运动的核心物理量，对于分析自然现象和解决工程技术问题具有重要意义。

看一眼
就懂的物理学常识

　　速度（velocity）是描述物体运动快慢的物理量，在物理学中，把路程与时间之比叫作速度。

　　速度的单位：米每秒，符号是 m/s 或 m·s⁻¹。

6

如何比较物体运动的快慢？

爸爸开车带小明去奶奶家。当开到大桥上时，小明说："爸爸，桥上一辆车都没有，你开快点儿吧！"

爸爸说："不行，大桥限速每小时 60 公里，不能超速。"

小明说："你刚只开了 10 分钟，还不到一个小时呢，怎么可能有 60 公里呢？"

爸爸继续解释说："如果我开得太快，一个小时的行驶距离就会超过 60 公里啦，就会超速的。"

小明说："这也不可能啊，到奶奶家只要 20 公里，根本不需要开 60 公里的路程！"

爸爸说："你需要好好学习速度的概念。"

看一眼就能记住的知识点

比较物体运动快慢的方法

要比较物体运动的快慢，有三种常用方法。

第一种方法是相同时间内，比较物体运动路程的大小，路程远，运动得快。例如，自行车在 40 min 内行驶了 10 km，汽车在相同时间内行驶了 50 km，所以汽车的速度比自行车的速度快。

第二种方法是运动的路程相同，时间短的运动得快。例如，百米赛跑截至 2025 年男子世界纪录是 9.58 s，某位同学跑完用时 15.2 s，这位同学跑得比世界纪录慢多了。

如果两个物体运动的路程和所需时间都不相同，怎么比较运动快慢呢？第三种常用方法就是比较速度的大小。

请你比较一下汽车和火车运动的快慢。

已知汽车在 60 s 内匀速行驶了 1500 m，火车在 10 s 内匀速行驶了 900 m，可以分别求出汽车和火车的速度。

汽车的速度为：

$$v_{汽车} = \frac{1\,500\ \text{m}}{60\ \text{s}} = 25\ \text{m/s}$$

火车的速度为：

$$v_{火车} = \frac{900\ \text{m}}{10\ \text{s}} = 90\ \text{m/s}$$

汽车和火车行驶的路程和时间都不相同，不能直接比较运动的快慢。这时候可以分别把汽车和火车的速度求出来，通过比较速度来判断运动的快慢。通过计算，很明显火车的速度大于汽车的速度，所以火车运动更快！

直线运动分为两种，一种是匀速直线运动，一种是变速直线运动。

物体做直线运动时，如果它在相同的时间内通过的路程都相等，那么它在整个运动过程中的速度就保持不变。我们把物体沿着直线且速度不变的运动，叫作匀速直线运动（uniform rectilinear motion）。

越来越多的汽车拥有定速巡航系统，这个系统通过自动控制油门和刹车，使车辆保持驾驶员设定的固定速度行驶。在平坦路况且笔直的高速公路上行驶时，车辆可以接近匀速直线运动状态。

在日常生活中，匀速直线运动并不常见，但有些运动可以近似看成匀速直线运动。例如，沿直线滑冰停止用力后的一段滑行。

什么是变速直线运动呢？

变速直线运动是指沿直线运动的物体在相等时间内通过的距离不相等，也就是速度会发生变化。我们常用平均速度来表征变速直线运动的快慢。

变速直线运动比匀速直线运动复杂，如果只作粗略研究，也可以用 $v = \dfrac{s}{t}$ 来描述运动的快慢，这样算出来的速度叫作平均速度。人们平时说物体在某段时间内的速度或通过某段路程的速度，指的就是平均速度。

平均速度用 $\bar{v}$ 表示，运动的总路程用 s 表示，所用时间用 t 表示，平均速度公式可以写成：

$$\overline{v} = \frac{s}{t}$$

举个例子。你玩过滑草吗？从高处滑下来会越滑越快，这就是变速直线运动。

滑草场的滑道长为 240 m，小明从起点开始，滑过草场滑道用时 12 s，请求出小明下滑的平均速度。

$$\overline{v} = \frac{240 \text{ m}}{12 \text{ s}} = 20 \text{ m/s}$$

通过计算可以求出小明下滑的平均速度为 20 m/s。

平均速度只是粗略描述物体一段运动过程的总体快慢程度，而不是某一个时刻的运动速度。

在变速直线运动中，除了平均速度以外，还有一个描述运动快慢的物理量，叫瞬时速度。什么是瞬时速度呢？

运动物体在某一时刻或经过某一位置的速度，叫瞬时速度，瞬时速度可以准确地描述物体在某个时刻（或某个位置）运动的快慢。瞬时速度的大小通常叫作速率。

速率的测量在生活中非常重要。在赛车比赛中，赛车手需要根据赛道情况和对手位置，灵活调整赛车的速率。骑自行车的人要根据路况和前方障碍物，选择蹬踏板加速还是捏紧刹车，避免出现事故或者摔跤。

看一眼需要收藏的知识点

平均速度与瞬时速度

平均速度和瞬时速度之间既有区别又有联系。

区别与联系	要素	平均速度	瞬时速度
区别	定义	物体运动路程与总时间的比值	某一时刻（或位置）的速度
	方向	有方向	有方向
	对应	某段时间（或路程）	某一时刻（或位置）
联系		1.都能反映物体运动快慢 2.在匀速直线运动中，瞬时速度等于平均速度	

在2004年雅典奥运会上，刘翔在 110 米栏决赛夺冠，当时他的成绩是 12.91 s。一枚奥运金牌让刘翔载入史册，他成为了中国田径项目上的第一位男子奥运会冠军，同时也让中国人在 110 米栏项目上实现了零的突破！

两年后，在国际田联超级大奖赛洛桑站男子 110 米栏的决赛中，刘翔跑出了 12.88 s 的好成绩，打破了沉睡13年的男子 110 米栏的世界纪录！刘翔用两年时间将成绩提升了 0.03 s，人类田径史和中国田径史从此向前跨越了一大步！

看一眼
就懂的物理学常识

比较物体运动快慢的方法：

（1）相同时间内，比较物体运动路程的大小；

（2）运动相同的路程，比较物体所用时间的长短；

（3）比较速度的大小。

平均速度：运动物体的路程和时间的比值。

瞬时速度：运动物体经过某一时刻(或某一位置)的速度。

第二章

有声有色，走进声音的世界

1

响指是如何打响的？

王老师听到教室前排发出了一阵轻微细碎的声音，他看到小明在摩挲着手指。

王老师问："小明，你在做什么呢？"

小明回答："我在打响指，王老师。您刚才不是说振动可以产生声音吗？我想看看打响指的时候手指有没有振动。"

王老师说："哦，原来是这样，我现在就教大家打出响指的科学方法！"

有些同学能打出很响亮的响指，但有些同学虽然很用力，可就是打不出声音来。其实，这里面是有窍门的：打响指要用到四根手指，除大拇指和中指外，无名指和小指也很重要。

光靠中指和拇指摩擦能发出的声音非常小，要想声音响亮，就要借助无名指和小指。中指快速撞击手掌根部引发的振动，才能发出较大的响指声。

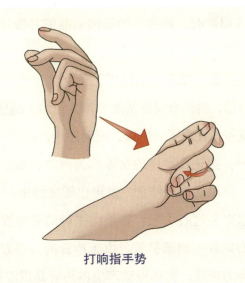

打响指手势

看一眼需要收藏的知识点

声音是怎么产生的？

从打响指的例子中可以明白，声音是由物体振动产生的。

在我们的生活中，每天都能听到各种各样的声音，蚊虫声、鸟叫声、雷声、雨声、风声、水声等，一切正在发声的物体都在振动。

蝉由腹部的发声器振动发声，青蛙靠声带的振动发声，蝈蝈用两前翅摩擦振动发声，蛇通过快速伸缩舌头和前端瓣膜摩擦振动发声。

当你在弹奏吉他时，手指在弦上快速拨动，弦振动产生声音。这些声音通过吉他板上的音孔释放出来，我们就能听到美妙的吉他声

了。当你说话或唱歌时，声带中的肌肉会收缩并振动，这些振动会产生声音被大家听到。

振动会产生声音，那么振动停止了还有声音吗？

摇晃一下铃铛，铃铛会发出清脆的声音；用手摁住铃铛，使振动停止，铃铛马上就停止发声了。所以，振动停止，声音马上停止产生。

在物理学中，把正在发声的物体称为声源，如正在振动的声带、铃铛、鼓面等。声源的振动停止，发声也随之停止。

大家都向水中丢过石头吧？如果向平静的湖中投入一块石头，会看到水波从中心向外一圈圈扩散。由于声音的传播方式与其类似，因此将它形象地称为声波。物体振动产生的声音是以波的形式传播的。

看一眼能背会的知识点

声音的传播

我们听到的许多声音都是借助空气传播到耳朵里的。声音传播需要三个要素：声源、介质和接收者。当声源振动时会产生声波，这些声波在介质中传播，最终被接收者接收并感知。

那么，什么是介质呢？

一切气体、液体、固体都可以作为介质，介质就是能够传递声音的物质。

在空气中，声波通过空气传播；在水中，声波通过水传播；在固体中，如金属或木材中，声波也可以传播。不同的介质就像不同的语言，它们用自己的方式传递声音。

如果物体周围没有空气，而是处于真空的状态，它振动发出的声音就无法传播出去。比如，在太空中，由于没有空气或其他物质来传播声音，宇航员无法听到彼此的声音。他们必须使用无线电或其他通信设备来保持联系。

准备一个高高的玻璃瓶，把正在响铃的闹钟放进去，将空气慢慢抽出，会发现声音明显变小了，因为高瓶子里的空气变少了。如果把这个瓶子抽成真空的话，我们就一点儿也听不到声音了。

把闹钟放入玻璃瓶中

小明在河边钓鱼，眼看着鱼儿上钩，小天突然跑过来大声呼喊小明，把鱼儿给吓跑了。小明让小天不要说话了，小天很困惑：为什么鱼儿会被吓跑呢？

原来小天的声音通过空气和水传到了鱼儿那里，鱼儿感知到了就迅速游走了。这说明水能够传声。

古代打仗时，士兵为了提早发现敌人的行踪，会将耳朵贴在地上监听马蹄声的变化，这种监听方式叫"伏地听声"。

马蹄声可以在空气和大地里传播，在大地里的传播速度比空气中

快多啦。即使距离几百上千米，士兵们也可以提早听到从大地传来的声音。骑兵越多，声音越响，骑兵越近，声音越清晰，进而判断出敌人的位置和行动方向。这说明大地能够传声。

 知识岛

"土电话"

"土电话"是一种古老而有趣的通信工具，它的制作非常简单。

用剪刀在两个杯子底部中心剪一个小洞。然后把棉线从洞里穿过，在两个杯子的外面打个结，防止棉线脱落。这样就做好了一个简单的"土电话"。

两个人分别拿一个杯子，把耳朵贴在杯子上，然后一个人对着杯子说话，声音就会通过棉线传到另一个人的耳朵里，就好像你在打电话一样。

那么，"土电话"的原理是什么呢？

"土电话"利用了固体传播声音的原理。当有人说话时，声音会通过空气振动产生声波。声波会通过空气传播到杯子上，杯子会随之振动。这些振动再沿着棉线传到另一个人的耳朵里，这个人就能听到声音了。

看一眼
就懂的物理学常识

声音传播三要素：声源、介质和接收者。

声源：正在发声的物体。声源的振动停止，发声也随之停止。

介质：能够传递声音的物质。一切气体、液体、固体都可以作为介质。

2 声音里蕴含着重要的信息

小明早上起床后，坐在床边。他用手摸摸胸口，又把手腕放到耳朵旁边，好像在听什么声音。

爸爸催促小明说："赶紧去洗漱吧，等下还要去上学呢。"

小明站起身，对爸爸说："爸爸，你知道吗，我睡醒的时候听到了自己的心跳声！"

爸爸说："你的耳朵太灵敏了，连这么微小的声音都能听到！不过，你确定那是你的心跳声吗？"

小明确定地说："当然了，我刚还听到了手腕脉搏跳动的声音呢。"

爸爸笑着说："那也许不是你的心跳声，也不是你的脉搏声，而是你的肠道在呼唤你吃早饭呢！"

小明"噗嗤"一下就笑了，"啊哈！声音里蕴含的信息原来是提醒我饿了！"

声音的意义

声音在地球上无处不在，它对于生物的生存、人类社会的发展有着重要的意义。地球上的声音多种多样，它们由不同的源头产生，并以不同的方式传播。

许多动物通过声音来交流，如鸟类通过唱歌来吸引配偶，蟋蟀通过振动翅膀来求偶，猴子通过叫声警告其他猴子危险的来临，齿鲸依靠头部特殊的脂肪组织（额隆）发出高频声波，通过接收反射回音判断猎物位置、大小及运动轨迹。例如，虎鲸可通过回声定位在黑暗深海中发现鱼类或海豹。

除了动物，大自然中的许多现象也会产生声音。例如，风声、雨声、潺潺水流声。此外，地震、火山爆发、雷电等自然灾害也会发出声响。

人类也是声音的制造者。人们通过语言来交流思想和感情，通过乐器演奏出美妙的音乐。人类的活动也会产生各种声音，例如交通工具的噪声、机器的轰鸣声、人们的喧哗声等。

无论是哪种声音，它们都在地球上扮演着重要的角色。它们不仅帮助生物进行交流和感知，同时也是人类文化和社会生活的重要组成部分。

声音与信息

声音是一种普遍存在的传递信息的媒介，在气体、液体和固体中均可传播。它能传递语言、音乐等听觉信息，也可通过声呐、B超等技术传递位置、结构等科学信息。

一提到回声定位，第一个就会想到蝙蝠，它们天生就是使用回声定位的高手。蝙蝠通过口鼻处发出声波，遇到障碍物后声波返回，然后通过分析进行导航和觅食。

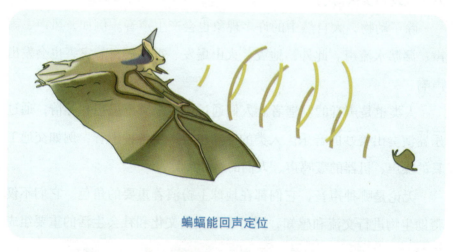

蝙蝠能回声定位

利用回声定位技术能够探测鱼群和潜水艇的位置。具体操作方法：首先用回声探测仪向海里发射声波，声波在传播过程中碰到鱼群或潜水艇后就会发生反射，反射回来的声波被探测仪接收。然后，经过对发射声波与接收声波相关数据的对比和计算，就可以算出水下目标的位置和形状。

台风和海浪摩擦产生的次声波传播速度快、距离远，通过监测其频率和强度变化，可在台风到达前发出警报。类似方法也可用于预测地震、海啸等自然灾害。

看一眼就能记住的知识点

声音可以传递能量

声波传递能量的原理非常简单。声波传递能量的原理是：发声体振动时，会引起周围介质（如空气、水）的质点振动，这些质点将动能和势能依次传递给相邻质点，使能量以波的形式向外传播。

你去医院洗过牙吗？超声波就像是一把"超能剑"，产生高频振动，把污垢震走，从而清除牙结石，保护口腔健康。

超声波电动牙刷很受大家欢迎，它的工作原理可以分为两个部分：

首先是超声波技术。通过内部的微型超声波发生器，电动牙刷可以产生高频振动，这些振动能够清洁牙齿表面和难以触及的牙缝，同时也可以去除牙菌斑。

其次，电动牙刷的刷毛会随着超声波振动一起摆动，进一步清洁牙齿和牙缝。这些刷毛柔软纤细，可以适应不同牙齿的形状，更好地清洁牙齿的表面和牙缝。

超声波电动牙刷利用超声波振动和刷毛的协同作用，能够深入清洁口腔，保护牙齿和牙龈的健康。想一想，超声波电动牙刷是传输信息还是传输能量呢？

超声波也常被用来清洗物体表面的污垢和锈迹。它不仅可以去除表面的脏东西，还不会造成任何损伤，比如蔬果清洗、金属除锈、医疗器械清洗等，不但洗得干净，还节省了人力。

声音既存在于大自然中，又与我们的日常生活密切相关。通过了解声音的应用，我们可以更好地利用声的现象为人类服务。

看一眼
就懂的物理学常识

声音可以传递信息：探测鱼群和潜水艇，预测地震、海啸等自然灾害。

声音可以传递能量：蔬果清洗、金属除锈、医疗器械清洗等。

3

谁是真正的短跑冠军？

通过阅读书籍，小天知道声音在空气中的传播速度约为 346 m/s，而自己短跑的速度只有 7 m/s，就对小明说："声音肯定是世界上跑得最快的！"

小明听了马上反驳："有些东西可能比声音更快！"

小天好奇地问："哦？什么东西？"

小明说："就是你的想象力。当你想到一个人的时候，他会立刻出现在你的脑海中。"

小天哈哈笑了，说："真机智！"

看一眼就能记住的知识点

声音的速度有多快？

如果声音可以参加奥运会百米赛跑的话，一定得冠军！

这是因为在常温 25 ℃时，声音在空气中的传播速度约为 346 m/s。

也就是说，跑完 100 m，声音只需要约 0.289 s。2009 年，柏林田径世锦赛上，牙买加运动员尤塞恩·博尔特以 9.58 s 的成绩刷新了自己创造的男子百米世界纪录。由此可见声音的速度确实非常快！你的脚刚迈出去，声音就已经到达终点了！

我们用**声速**表示声音传播的快慢，也就是声音在单位时间内的传播距离，声速用 v 表示。单位：m/s、km/h，声速的计算公式为：

$$声速 = \frac{声音的传播距离}{声音的传播时间}$$

声速与温度有关。在一定范围内，温度越高，声速越快。在 0 ℃时，声音在空气中的传播速度约为 331 m/s。在 15℃时，声音在空气中的传播速度约为 340 m/s。在 25℃时，声音在空气中的传播速度约为 346 m/s。

除了能在空气中传播，声音还能在液体和固体中传播。在水（常温）中，声音的传播速度约为 1500 m/s，在冰中约为 3230 m/s，在软木中约为 500 m/s，在铁中约为 5200 m/s。在液体和固体中，声音的传播速度都比在气体中快。

一些介质的声速

介质	声速 /（m/s）	介质	声速 /（m/s）
空气（0 ℃）	331	海水（25 ℃）	1531
空气（15 ℃）	340	冰	3230
空气（25 ℃）	346	钢（棒）	3750
软木	500	大理石	3810
煤油（25 ℃）	1324	铝（棒）	5000
水（常温）	1500	铁（棒）	5200

看一眼需要收藏的知识点

声音的衰减

声音在传播过程中随着距离的增加会逐渐衰减。校长在大礼堂开会时，坐在前排会听得很清楚，坐在后面声音就变弱了。

声音的衰减在气体、液体和固体中程度不一样，气体衰减最大，液体其次，固体衰减最小。因此对于给定强度的声波，在气体中传播的距离会明显比在液体和固体中传播的距离短。

造成声波衰减的原因有以下三个：

（1）扩散衰减

声波从声源向周围传播时，能量会逐渐分散到更大的空间范围。单位面积上接收到的声波能量随着与声源距离的增大而减少，因此声音会逐渐减弱。这种现象与声源形状有关，例如点声源的扩散衰减遵循能量与距离平方成反比的规律。

（2）吸收衰减

声波在介质中传播时，介质内部的微粒之间会产生摩擦作用（粘滞性），将部分声能转化为热能；同时，介质中温度较高的区域会向温度较低的区域传递热量（热传导），这些过程都会导致声能损耗。吸收衰减的程度与声波频率及介质特性密切相关。

（3）散射衰减

当声波遇到介质中的不规则结构（如液体中的气泡、固体中的颗

粒或裂缝）时，部分声能会改变传播方向，形成向各个方向散射的声波。这种能量分散现象会导致原传播方向上的声能减少，尤其当障碍物尺寸接近声波波长时更为显著。

扩散衰减仅与传播距离有关，而吸收衰减和散射衰减既取决于介质特性（如粘滞性、均匀性），也与声波频率相关。例如钢管等致密介质衰减较小，而松散介质衰减较大；低频声波比高频声波传播更远。

知识岛

先看到闪电还是先听到雷声？

在一个电闪雷鸣的夜晚，你是先看到闪电还是先听到雷声？

观察过闪电的同学马上就能说出来："当然是先看到闪电啦，过一会儿才能听到轰隆隆的雷声！"你知道原因吗？

闪电是云层内部的电荷放电时产生的现象。闪电产生的热能迅速加热周围的空气，使得空气迅速膨胀又迅速收缩，就发出了雷声。可以说，闪电和雷声几乎是同时发生的。

但是由于光在真空中的速度约为 3×10^8 m/s，远远大于声音在空气中的传播速度，所以你会先看到闪电，然后才听到雷声。相对于闪电，声音的传播是需要更长的时间的！

看一眼
就懂的物理学常识

声速：表示声音传播的快慢。15℃时，声音在空气中的传播速度约为 340 m/s。液体和固体中的声速比气体快。

声波衰减的原因：

（1）扩散衰减；

（2）吸收衰减；

（3）散射衰减。

4

耳朵是如何听到声音的?

王老师看到小天总是捂着耳朵,感到很奇怪。于是走到小天身边关切地问:"小天,你不舒服吗?怎么一直捂着耳朵?"

小天说:"王老师,我只捂住了右边耳朵。"

王老师问:"你为什么捂住右边耳朵?"

小天不好意思地说:"我右边牙疼,用手摸腮帮子的时候顺带把右耳捂住了。"

耳朵是我们感知世界的重要器官之一,它让我们听到千变万化的声音。

耳朵的结构是什么样的?它又是如何听到声音的?

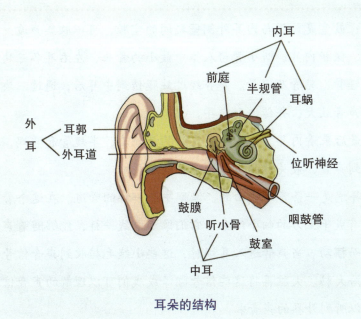

耳朵的结构

看一眼就能记住的知识点

耳朵的结构

耳朵分为外耳、中耳和内耳三大部分。

先来看最外面的外耳，外耳包括耳郭和外耳道。

耳郭看得见摸得着，位于脑袋两侧，不信你就捏捏自己的耳朵，这就是耳郭啦。耳郭可以收集声波，并经外耳道传向鼓膜。

再来看中耳。我们掏耳朵只能掏到外耳，是掏不到中耳的。中耳包括鼓膜、听小骨和鼓室。

鼓膜位于外耳道的底部，作为外耳与中耳的分界线，可以将外界声波传导到中耳，还能防止外来异物和液体等进入中耳腔，避免

感染；鼓室是鼓膜与内耳外侧壁之间的空腔，可以收集声波、平衡压力、保护内耳；听小骨为人体中最小的骨头，左右耳各三块，分别为锤骨、砧骨及镫骨。声音经过鼓膜传到中耳后，通过三块听小骨将声音放大，并传递到内耳。

最后来看内耳。内耳的主要结构是前庭、半规管和耳蜗，我们能听到声音，最关键的听觉感受器就是耳蜗。

耳蜗是一条弯弯曲曲的、像蜗牛壳一样的管道。在这个管道里面，有成千上万的细小绒毛，它们像小电线一样，能够随着声音的振动而摆动。当声音进入耳蜗时，这些小绒毛接收到声音信号，并传递给大脑。大脑再将这些信号翻译成我们可以理解的声音信息，就可以听到外界的声音啦。

听到声音后，我们能秒懂声音的意思并做出反应。听觉是怎么形成的呢？

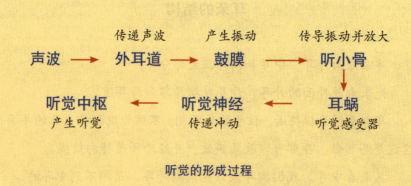

听觉的形成过程

这就是听觉形成的全过程，就像一场精心编排的交响乐演奏，每个环节都必不可少，共同创造出我们的听觉体验。

　　声波通过外耳道将能量传递到中耳、内耳、神经、大脑的通路，我们称之为"气传导"，这是我们感知声音最主要的方式。除此之外，声波还可以直接振动颅骨，引发耳蜗液体流动感知声音，我们称之为"骨传导"。

　　当你用手捂住耳朵时，你仍然可以听到自己说话的声音，这就是骨传导的神奇之处。

　　骨传导是一种奇妙的传递声音的方式，它让我们能够听到身体骨骼传来的声音。

　　骨传导的原理是声音通过头骨、颌骨等骨骼结构传递到听觉神经，让我们感受到声音。当声音通过头骨传递时，头骨中的听觉神经细胞会被振动刺激，产生电信号，这些信号再传到大脑中处理，我们就能听到声音了。

　　骨传导耳机就是根据骨传导原理制作的。它不像传统耳机那样通过耳道内的空气传递声音，也不需要把耳机紧贴耳朵，戴起来非常舒适。

　　骨传导耳机的使用场合非常广泛，即使在健身房或者是其他喧闹的环境下，也可以使用。它可以过滤掉环境中的噪声，让你专注于音乐或者通话。骨传导耳机在水中也能使用，让我们在玩水时也可以听到声音。

看一眼
就懂的物理学常识

耳朵的结构和功能：

（1）外耳——收集声波，并经外耳道传向鼓膜。

（2）中耳——声音经过鼓膜传到中耳后，将声音放大，并传递到内耳。

（3）内耳——最关键的听觉感受器就是耳蜗，能将声音信号传递给大脑。

声波通路：气传导、骨传导。

5

山谷回声

小明和爸爸在爬山时来到了一处山谷。

小明对着山谷喊："喂——！"

山谷那边也传来了："喂——！"

小明问山谷："你是谁？"

山谷也问："你是谁？"

小明回答："我是一个人！"

山谷传来了："我是一个人，一个人，一个人！"

小明赶紧说："我是一个人，不是三个人！"

山谷也跟着说："三个人，三个人，三个人！"

小明说："你真笨！"

山谷也说："你真笨，真笨，真笨！"

站在旁边的爸爸听到后笑弯了腰。

在风景秀丽的山谷里，你有没有尝试过对着山谷大声喊话，然后听到自己的声音反弹回来？这就是有趣的山谷回声现象！那么，什么是回声呢？回声又有哪些应用呢？

看一眼需要收藏的知识点

什么是回声？

当你在山谷里喊话时，你的声音会向四面八方传播。声音遇到山谷的崖壁时会反弹回来，像打乒乓球一样，形成回声。

回声是指声音在传播过程中，遇到大的障碍物或界面后反弹回来的现象，人们能够与原声区分开的反射声波叫回声。这种回声会再次反弹，并在山谷中不断反射，形成我们听到的回音。

山谷的形状和大小会影响回声的效果。一个比较窄、比较深的山谷会产生更强的回声，因为声音需要反弹更长的时间和更多的次数才能消散；而在一个比较宽、比较浅的山谷里，回声可能会比较微弱，因为声音反弹的次数比较少。

你可能会问，为什么房间里听不到回声呢？

要听到回声是有条件的。如果回声到达人耳的时间比原声晚0.1s以上，就能听到回声，否则回声和原声混在一起会使原声增强，就分辨不出回声了。

听到回声的条件

障碍物距离	回声时间	回声与原声能否区分	听觉效果
远	>0.1s	能	听到回声
近	<0.1s	否	听不到回声，声音更响亮

要区分出原声和回声，人耳接收声音时间必须间隔 0.1 s 以上。同学们想一想，如果能听到自己的回声，障碍物离我们的最近距离应该是多少呢？

从发出原声到听到回声最少用时 0.1 s，那么声音到达障碍物最少用时就是 0.05 s。声音在空气中传播的速度约为 340 m/s（15 ℃），可以计算出声源与障碍物的最短距离 s。

$$s = 340 \text{ m/s} \times 0.05 \text{ s} = 17 \text{ m}$$

人在房间里发声时，墙离人的距离普遍小于 17 m，回声和原声叠加在一起，声音变得更响，区分不出来，所以听不到回声。

有的同学说："你说得不对！我家房间不大，我的声音传播距离肯定小于 17 m，但是没感觉声音变响亮啊！这是怎么回事？"

看一眼就能记住的知识点

声音的反射和吸收

这是因为声音在传播过程中存在着反射和吸收的现象。

（1）物体表面越光滑坚硬，对声音的反射能力越强，吸收能力越弱；

（2）物体表面越松软多孔，对声音的吸收能力越强，反射能力越弱。

在空房间中，声波遇到坚硬平滑的墙面会发生多次反射（即回声现象）。当反射声与原声到达人耳的时间间隔小于 0.1 s 时，声波会相互叠加使响度增大，因此空房间内听到的声音更响亮。

回声有时也会给我们添麻烦。比如歌手在录音棚里录歌时，如果房间里有回声，会影响录音质量。再比如歌手在空旷的室内体育馆开演唱会，回声会影响听众的感受，这时候可以在墙壁上铺设吸音材料，减少声音的反射，降低回声带来的影响。

什么样的材料可以减少声音的反射呢？

（1）吸音材料要松软多孔。当声音传入构件材料表面时，声能一部分被反射，一部分穿透材料，还有一部由于构件材料的振动或声音在其中传播时与周围介质摩擦，由声能转化成热能，声能被损耗，即通常所说声音被材料吸收。

（2）吸音材料表面要粗糙不规则。可在表面压制浮雕纹理，提高吸音系数。

吸音材料

在冬天，一场大雪过后，人们会感到万籁俱寂，你知道为什么吗？

大雪过后，地面覆盖着厚厚的积雪，雪的微孔结构使得声波进入后在微孔中发生摩擦，从而消耗声音的能量，达到减噪的效果。

回声的应用

回声作为声学现象，在众多领域发挥了重要的作用。

（1）回声测距

通过测量声音遇到障碍物反射回来的时间，就能知道声音传播的距离，这就是回声测距。比如在深海里，潜水员可通过回声测距来测量自己到海底的距离。在医学检测中，医生利用超声波检查胎儿的位置和发育情况。

（2）建筑设计

在建筑设计中，控制回声是很重要的。通过吸音材料和声学设计，可以减少空间内的回声，提高声音传播的清晰度，营造舒适的环境。

看一眼
就懂的物理学常识

回声：声音在传播过程中，遇到大的障碍物或界面后反弹回来的现象。

听到回声的条件：回声到达人耳的时间比原声晚0.1 s以上。

减少声音的反射：吸音材料要疏松多孔、表面粗糙。

6

什么是音调、响度和音色？

在一个周末的午后，小明正为物理作业里"音调、响度、音色"的区分发愁。妈妈见状，神秘一笑："走，咱们用厨房开个音乐会！"

妈妈将钢尺按在桌边，伸出不同长度让小明弹拨。"长钢尺振动慢，声音像老牛低吟；短钢尺振动快，像知了尖叫。"小明眼睛一亮："原来音调高低是振动频率决定的！"接着妈妈拿出小鼓，轻敲时鼓面微颤，重击时鼓面剧烈跳动："响度就像声音的'力气'，全看振幅大小。"

最精彩的是"材质大比拼"。妈妈让小明闭眼聆听：玻璃杯清脆如银铃，木块沉闷似闷雷。"这就是音色，不同材料振动波形不同。"小明兴奋地抓起汤匙敲击碗碟，叮咚声中突然顿悟："难怪笛子和钢琴弹同一个音也能区分！"

厨房交响乐结束时，小明已在笑声中记牢：音调是频率高低，响度是振幅大小，音色是材料密码。

看一眼就能记住的知识点

什么是音调？

音调可以理解为声音的高低，音调是声音的一个特性。当听到一个高音调的声音时，我们会感觉它非常尖细；而当听到一个低音调的声音时，我们会感觉它非常低沉。

用硬纸板拨动梳子的齿儿，改变拨动速度，你听到的声音有什么不同？

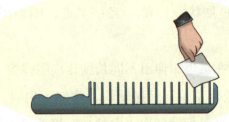

你会发现，拨动越快，声音的音调越高。

把尺子紧压在桌子边，改变钢尺伸出桌边的长度，用大小相同的力拨动尺子。观察尺子在不同位置拨动时振动的快慢和发出声音的特点，记录下来。

你会发现，伸出桌面越长，振动越慢，音调越低。

从上面两个声音现象可得到，物体振动得快，发出声音的音调就高；振动得慢，发出声音的音调就低。可见发声体振动的快慢是一个很重要的物理量，它决定着音调的高低。

在物理学中，描述物体振动快慢有一个专门的名字，叫**频率**。

频率是指物体振动的次数与所用时间之比，单位为赫兹，简称赫，符号是 Hz。如果某个物体 1 s 内振动了 100 次，它的频率就是 100 Hz。

频率决定了声音的音调，频率高则音调高，频率低则音调低。

体育老师吹哨子的音调就很高，打雷的时候轰隆隆的雷声音调就很低，汽车喇叭滴滴的音调比较高，汽车发动机发动时呜呜的音调比较低。

再比如，女高音声音尖细，音调高，男低音声音浑厚，音调低；小提琴声音高昂，音调高，大提琴声音低沉，音调低。

看一眼需要收藏的知识点

什么是响度？

当我们听到爆竹声时，会感觉响亮震耳；而当我们听别人说悄悄话时，会发现很难听清楚。物理学中用**响度**表示声音的响亮程度，响度也是声音的一个特性。响度主要与声源振动的幅度大小有关，声源振动的幅度越大，响度越大。响度还跟人到声源的距离有关，距离越远，听到的声音越弱，响度越小。

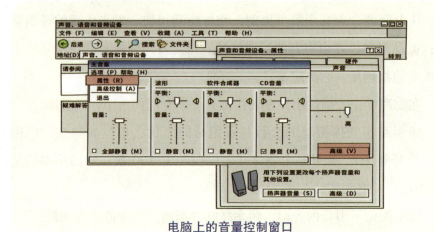

电脑上的音量控制窗口

电脑上的音量控制窗口可以调节响度。用鼠标上下拉动一下音量，听听电脑播放的歌曲声音变化了没有。

在鼓面上撒一些豆粒，用不同的力敲鼓面，观察鼓面的振动情况。

可以看到用力越大，豆粒弹跳越剧烈，鼓面的振动幅度越大，鼓声响度越大。物体的振动幅度称为振幅。

听到的鼓声是否响亮，除跟鼓面的振动幅度有关外，还跟听者和鼓之间的距离有关。离鼓越近，越响亮。

声音向外传播会越来越分散，用喇叭可以放大音量，减少声音的分散程度，使声音传播得更远。

什么是音色？

当我们听小提琴演奏时，会感受到优雅和华丽，而当我们听摇滚乐演奏时，会感受到激烈和动感。**音色**表示声音的品质，是决定声音特色和风格的重要因素。每个发声体都有自己声音的特色，材料和结构不同，发出声音的音色就不同。

接电话时，很容易分辨出熟人的声音，这主要是根据音色来判断的。区分不同的乐器发声，靠的也是音色。

《红楼梦》中林黛玉进贾府时，有一段对王熙凤的描写：

只听后院中有人笑声，说："我来迟了，不曾迎接远客！"黛玉纳罕道："这些人个个皆敛声屏气，恭肃严整如此，这来者系谁，这样放诞无礼？"

原来人们都知道这是人称"凤辣子"的王熙凤要进来了。

"不见其人，先闻其声"，想一想，能判断出是哪个人在说话，依据的是什么呢？

音调、响度和音色是构成声音的三个基本要素。音调决定了声音的基本旋律和节奏，响度则影响了声音的清晰度和力量感，而音色则赋予了声音独有的特征和质感。

看一眼
就懂的物理学常识

	音调	响度	音色
物理意义	声音的高低（粗细）	声音的强弱（大小）	声音的特色、品质
决定因素	由声源频率决定，频率高，音调高；频率低，音调低	由振幅和距离决定	由声源本身决定，当其内部结构改变时，音色也会改变
听感表现	音调高：清脆、尖细 音调低：粗犷、低沉	响度大：震耳欲聋 响度小：轻声细语	分辨人，分辨乐器

7

听不见的声音

到底谁的作用更大？次声波和超声波两兄弟争论起来了。

次声波说："你听不到地震的声音吧？我可是能听到！每当地震发生时，我都能感知到那些低沉的震动。"

超声波说："我确实听不到，但我也有拿手的本事！通过我，医生可以观察胎儿在妈妈肚子里的情况，我还能检测结石和肿瘤呢！"

次声波说："真厉害！我还可以预测天气呢！"

超声波说："长知识了！在清洁和切割方面，我能大显身手，我还经常被用来清洁牙齿呢！"

次声波说："别争了。虽然我们频率不同，但是我们都有独特的用途啊！"

超声波赞同地说："对，我们共同为人类服务！"

看一眼需要收藏的知识点

超声波的特点

同学们都知道振动会发出声音，可是为什么听不见蝴蝶的声音，却能听到蚊子的声音？

人能感受到的声音频率是有一定范围的。大多数人能听到的声音频率范围为 20~20000 Hz。高于 20000 Hz 的声波叫**超声波**，因为它超过了人类听觉的上限；低于 20 Hz 的声波叫**次声波**，因为它低于人类听觉的下限。人听不到超声波，也听不到次声波。蝴蝶振翅发出的声波频率约为 6 Hz，属于次声波，所以人听不到。

人的听觉范围有限

在夏天的夜晚有许多蝙蝠在天空中飞来飞去，它们为什么可以在黑暗的环境中飞翔而不会迷失方向呢？

原因就是蝙蝠能发出 10000～120000 Hz 的声波，就好比是一座活动的"雷达站"。蝙蝠正是利用这种"声呐"特性来判断前方是昆虫还是障碍物的。

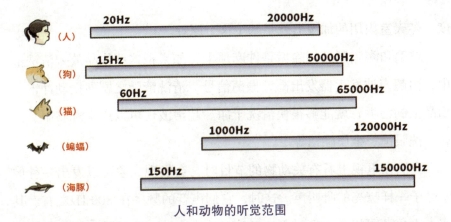

| | 20Hz | | 20000Hz |

（人）
20Hz — 20000Hz

（狗）
15Hz — 50000Hz

（猫）
60Hz — 65000Hz

（蝙蝠）
1000Hz — 120000Hz

（海豚）
150Hz — 150000Hz

人和动物的听觉范围

虽然我们无法听到超声波，但是并不影响利用超声波的特性。超声波可应用在医学、科研、工业和军事等多个领域，这和超声波的特点有密切关系。

看一眼能背会的知识点

超声波的特点

超声波的特点可以用三个字来概括：准、狠、透。

准：超声波的波长短，可以非常准确地指向目标，不容易发散。

狠：超声波的强度很高，可以引起物体表面的振动和空化，从而达到清洗、切割、破碎等目的。

透：超声波可以穿透固体，让我们看到内部的结构和缺陷，还可以检测出物质的成分和性质。

超声波能量很大，如果把超声波通入水中，剧烈的振动会使水破碎成许多小雾滴，再用小风扇把雾滴吹入室内，就可以增加空气湿

度。冬天室内用的加湿器就是基于这个原理。

玻璃和陶瓷制品的除垢是件麻烦事，如果把这些物品放入清洗液中，由超声波发生器发出高频振荡信号，清洗液随之剧烈振动冲击，物品上的污垢，就能够很快清洗干净。超声波还可以用来洗衣服、洗碗、洗眼镜、金属除锈等。

我们在电视上看有关动物的节目时，会发现大象可以发出一种像吹号子一样嘹亮的吼叫声。这时，它们声音的频率在 800 Hz 左右。其实，大象还可以发出一种低于 20 Hz 的次声波，我们听不见，只能用专业的仪器测量地面振动才能检测到。

除了大象之外，许多动物都可以发出次声波，包括鲸鱼、老虎、蝙蝠等。动物的次声波主要用于狩猎、求偶、领地宣示等生存行为。

昆虫翅膀振动的频率不一样。苍蝇的振翅频率为 300 Hz，也就是每秒振动 300 次，它发出声音的频率也就是 300 Hz，我们可以听到。而蝴蝶的振翅频率约 6 Hz，发出的声波属于次声波，我们听不到。

看一眼就能记住的知识点

次声波的特点

次声波有哪些特点呢？次声波的特点可以概括为三个字：多、远、强。

多：次声波的来源非常多。地震、海啸、台风、雷电等都能产生次声波。飞机、火车、汽车等交通工具，以及工厂的设备等，也会产生次声波。

远：次声波波长很长，不容易被大气层吸收，可以绕过山、房子等大型障碍物，因此可以传播到很远的地方。一些自然现象，如地震和海啸产生的次声波可以传播数百公里。

强：次声波的能量很强，在传播过程中损失很小，可以穿透固体、液体和气体。次声波可能对人体造成损伤，使人头晕、恶心、呕吐，甚至造成器官损伤和死亡。

虽然我们无法听到次声波，但是它却无处不在。

利用次声波可以预测自然灾害。例如台风和海浪摩擦可以产生次声波，其传播速度和普通声波速度相差无几，而台风速度最快也不过20~30 m/s。次声波速度远快于台风移动的速度，因此，人们可以利用仪器监测次声波，就可在台风到来之前发出警报。利用类似方法，也可预报火山爆发、雷暴、沙尘暴、龙卷风等灾害。

看一眼
就懂的物理学常识

超声波：高于 20000 Hz。

次声波：低于 20 Hz。

8

喧嚣之源：噪声

有的声音给人美的享受，高昂的进行曲令人振奋，婉转悠扬的歌声让人如痴如醉。也有的声音听起来不那么愉快，比如刺耳的汽车喇叭声、工地上机器的轰鸣声等，让人感到紧张、烦躁、沉闷。从心理学观念来看，把妨碍人们正常工作和生活的声音称为噪声。

无论是城市的喧嚣声还是工厂的机器轰鸣声，只要达到一定的强度和持续时间，就可能对我们的生活和健康产生负面影响。我们身边主要有哪些噪声来源呢？

（1）交通噪声

汽车、火车、飞机等交通工具都会在行驶过程中产生噪声。这些噪声包括轮胎与路面摩擦产生的胎噪、发动机运转时的机械噪声等。在城市中，交通噪声是影响人们生活和健康的主要因素之一。

（2）工业噪声

工厂、发电站等工业场所中的各种机械和设备，如发电机、压缩机等，都会在运转中产生大量的噪声。这些噪声往往比较尖锐、刺耳，让人感到不适。

（3）建筑噪声

建筑工地上各种机械设备的使用，如打桩机、搅拌机等，会产生大量噪声。这些噪声不仅影响附近居民的生活质量，还会对施工人员的听力造成损害。

（4）生活噪声

生活环境中的各种声音，如空调外机声、电视音响、音乐等，也会对我们的生活造成影响，干扰我们的学习、思考和工作效率。

知道了这些噪声的来源，就可以采取相应的措施来减少它们对我们的影响。比如，尽量远离噪声源，使用降噪耳塞等。噪声的单位是分贝，符号为dB。人们用分贝来划分声音的等级。不同噪声等级带来的影响不同，噪声越大，危害越大。

常见噪声范围

噪声等级	噪声影响
0分贝	听觉下限
30～40分贝	较理想的安静环境
50分贝以上	影响睡眠和休息
70分贝以上	影响学习和工作
90分贝以上	引起听觉疲劳
150分贝	短时间内会导致永久性耳聋

看一眼需要收藏的知识点

噪声的危害

噪声像一只隐形的怪兽，悄悄地吞噬着我们的健康，主要影响有以下三个方面：

（1）偷走你的听力

长时间的噪声暴露可能会导致听力下降，严重的话还可能引发耳聋。所以，如果你觉得听力有些模糊，别忘了可能是这个"怪兽"在作祟哦。

（2）破坏你的心情

长时间处于嘈杂的环境中，你可能会烦躁不安、焦虑郁闷。更糟糕的是，它还可能影响你的睡眠。

（3）影响你的心血管

长期暴露在噪声环境中，可能会增加心血管疾病的发病率。

噪声的危害无处不在，我们要时刻警惕这只"怪兽"，有效控制噪声，保护好我们的健康。

噪声的控制

声音从产生到引起听觉有三个阶段，分别是声源振动、声音传播和鼓膜振动。要想有效控制噪声传播，可以从这三个阶段来想办法。

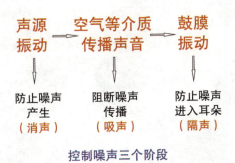

控制噪声三个阶段

（1）在声源处，可以使用消声器减弱或停止声源振动，防止噪声产生。

（2）在传播过程中，可以通过隔音屏、树木等吸音手段阻断噪声传播。

（3）在人耳处，可以通过护耳器、耳塞、耳罩等设备阻止噪声进入耳朵。

第三章

五光十色，探索光的奥秘

1

月亮是光源吗？

八月十五的晚上，爸爸带小明来到户外赏月。这天的月亮特别大，特别圆，柔柔的月光照在大地上，如朦胧的细纱，有种静谧之美。

小明问爸爸："爸爸，我知道月亮本身是不会发光的，月亮发光是因为它反射了太阳光。当太阳光照在月球表面时，月球表面的灰尘可以高效地反射太阳光，所以我们在夜晚可以看到明亮的月亮。那么月亮是光源吗？"

爸爸说："月亮不能自己发光，所以不算是光源。来，我给你讲讲什么是光源吧。"

看一眼就能记住的知识点

什么是光源？

有光进入我们的眼睛，我们才能看见物体。所有能够自行发光的物体就叫**光源**。

注意啦，要自己会发光！比如，太阳会自行发光，是光源；萤火虫会自行发光，是光源；手电筒会自行发光，是光源。

而月亮自己不会发光，我们看到月亮发出的光实际上是从太阳那里借来的，是反射太阳光的结果，所以月亮不是光源！

同样的道理，虽然钻石可以发出夺目耀眼的光芒，但是到了晚上，拉上窗帘，关了灯，钻石看起来就黑乎乎了，所以，钻石也不是光源。我们身边的大部分物体都不能自行发光，比如桌子、椅子、眼镜等，都不是光源。

太阳可以发出阳光，恒星可以发出星光，闪电可以发出电光，萤火虫可以发出荧光，这些光源在自然界中是本来就有的，称为自然光源。

太阳是巨大的自然光源，给我们提供了光明，使我们看到周围的一切。到了夜晚，太阳下山了，人们为了看清东西，就要使用人造光源，比如蜡烛、火把、油灯、电灯、激光、手电筒、LED灯等。

有一些物体虽然不是光源，但可以反射光来满足我们的一些需求。比如，皎洁的月光为行人照亮前行的路，明亮的镜子映出我们的容颜衣妆，漆黑的黑板反衬粉笔的白痕。

"囊萤映雪"是一个成语，意思是车胤用口袋装萤火虫来照亮书本，孙康利用雪的反光勤奋苦学。想一想，"囊萤"和"映雪"是光源吗？如果是光源的话，是自然光源还是人造光源呢？

看一眼能背会的知识点

光在不同介质中的速度

光在真空中传播的速度最快，约为 3×10^8 m/s。如果以地球的赤道周长为准，光在 1 s 内可以绕地球跑七圈半！

虽然光速很快，但是光的传播仍然需要时间，不能从一个地方直接"蹦"到另一个地方。太阳光从太阳表面出发，需要经过大约 8 min 20 s 才能到达地球，经过 4.2 年到达比邻星，经过 250 万年才能到达仙女座星系。

宇宙是无边无垠的，怎么表示宇宙中的遥远距离呢？这个物理量称为光年。光年是指光在真空中传播一儒略年（365.25 天）所经过的距离，是一个长度单位。

1光年的距离是多远呢？

$$1年 = （1 \times 365 \times 24 \times 3\ 600）s = 31536000\ s$$

$$1光年 = 31536000\ s \times 3.0 \times 10^8\ m/s$$

$$\approx 9.46 \times 10^{15}\ m$$

这样说来，太阳距离比邻星大约是 4.2 光年，距离银河系最近的仙女座星系大约是 250 万光年这么远。

光在同一种均匀介质中传播速度不变。其中，光在真空中速度最大，用字母 c 表示。光在其他介质中的速度都比在真空中的小，在空气中的速度略小于真空。计算时，真空和空气中的光速都取 $c = 3 \times 10^8$ m/s。

光在水中的速度约为真空中光速的 $\frac{3}{4}$，在玻璃中的速度约为真空中的 $\frac{2}{3}$，见下表。

光在不同介质中的传播速度

介质	光速
真空或空气	3×10^8 m/s
冰	2.3×10^8 m/s
水	2.25×10^8 m/s
酒精	2.2×10^8 m/s
玻璃	2×10^8 m/s

光速是宇宙中最快的速度！

科学家经过测定发现，光在真空中的传播速度约为 3×10^8 m/s，比声音在空气中的传播速度快八十多万倍，比地球相对于太阳的公转速度还要快一万倍。

看一眼
就懂的物理学常识

光源：能自行发光的物体，如太阳、萤火虫、手电筒等。

自然光源：自然界中本来就有的光源，如太阳、恒星、闪电等。

人造光源：人类为了看清环境制作的光源，如蜡烛、火把、油灯、电灯、激光、手电筒等。

光速：真空中传播速度为 3×10^8 m/s。光在水中的速度约为真空中光速的 $\dfrac{3}{4}$，在玻璃中的速度约为真空中光速的 $\dfrac{2}{3}$。

2 光在什么条件下沿直线传播？

一天中午，小明拿着一本书坐在床上阅读。这天的天气很好，阳光从窗户里透进来，照射到地上，显现出一束直直的光柱。在光柱里，还能看到细小的尘埃在飞舞。

小明赶紧叫来爸爸，指着光柱说："爸爸，你看，光柱是直的！光是直直地透进来的。"

爸爸说："你说得对！光是沿直线传播的。我们去音乐节的时候，舞台激光以好几种颜色和模式闪烁，那些笔直的激光束多么炫酷啊！"

同学们看过手影戏吗？表演者通过调整手指的位置和角度，使光线在墙壁上形成各种有趣的图案。手影戏就是利用光沿直线传播现象产生的艺术。

光在所有介质中都沿直线传播吗？直线传播的条件是什么？

手影戏

看一眼需要收藏的知识点

光沿直线传播的条件

在黑暗中，用一束光斜着照射玻璃片侧面，会看到神奇的一幕，光线在正对的两个玻璃片边沿发生了两次弯折。这说明：光穿过空气和玻璃的交界面时，传播方向会发生改变。

光线转弯了

清晨，当我们看见太阳初升时，其实它还在地平线以下。这是因为不均匀的大气使光线变弯了，使得太阳的位置看起来比它实际的位置要高。这说明，光在不均匀的介质中传播方向会发生改变。

光在不均匀大气中偏折

总结一下，光沿直线传播是有条件的，那就是：**光在同种均匀介质中沿直线传播。**

光在同一种均匀介质中是沿直线传播的，沿光的传播方向画一条直线，并在直线上画上箭头表示光的传播方向。这种表示光的传播方向的直线叫作光线。

光线

光沿直线传播的应用

除了影子的形成，光沿直线传播还有很多有趣的现象和应用。

（1）小孔成像

当一束光线遇到一个小孔时，它会沿着直线穿过小孔，然后继续前行直到它找到光屏。在光屏上，光线会形成一个上下倒立、左右翻转的像。针孔照相机就是根据小孔成像的原理制作的。

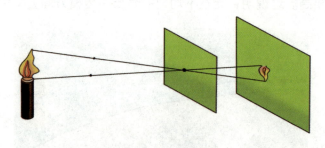

小孔成像

（2）射击瞄准

想象一下，你正在参加一个射击比赛。怎么才能射得准呢？关键是要做到"三点一线"，即枪上标尺的缺口、枪上的准星和射击目标要在一条直线上。然后，眼睛瞄准中心的小靶心把子弹发射出去，准能射得准！

（3）排队看齐

列队时，身边的人发出的光线到达你身上的路径为直线。如果你看不见被身边人挡住的其他人，说明其他人就都位于这条直线上，这个队列就走成了直线。

（4）光影交织的皮影戏

皮影戏，是一种用蜡烛或酒精灯等光源照射人物剪影来表演故事的民间戏剧。

皮影戏

当光源发出的光通过剪影时，光线会被挡住，在后面的屏幕上形成与剪影形状完全相同的影子，从而创造出独特的视觉效果。因此，皮影戏表演时利用了光沿直线传播原理。

光沿直线传播条件：光在同种均匀介质中沿直线传播。

光沿直线传播的应用：

（1）小孔成像；

（2）射击瞄准；

（3）排队看齐；

（4）皮影戏。

3

黄金为何能闪耀出金灿灿的光芒?

一天下午，小明突发好奇，对爸爸说："爸爸，有句老话叫'是金子总会发光的'。为什么黄金能发出耀眼的光芒呢？"

爸爸反问小明："你觉得黄金是光源吗？"

小明想了想说："在完全没有光的地方，黄金和其他物体一样，都是无法看见的。比如，在没有光源的房间中，即使里面全是金器，也是一片黑暗。所以，黄金并不是光源，那为什么我们能看到它呢？"

爸爸说："那是因为有光照在黄金上，然后光又反射进我们的眼睛里，所以我们看见了。"

小明说："哦，我能看到桌子、椅子、凳子、橡皮，都是因为有光反射进我的眼睛吧？"

爸爸说："哈哈，对。这些东西自己都不会发光，都是借的光。老话应该这么说，'是金子总会借光的'！"

"是金子总会发光的"，其实是指黄金能够反射光线，让我们看到。

光遇到水面、玻璃、黑板等物体表面都会发生反射。我们把光从一种介质射到另一种介质表面后又返回原来介质中的现象，叫作**光的反射**。我们能够看到本身不发光的物体，就是因为这些物体反射的光进入了我们的眼睛。

反射现象存在一定的规律。为了便于理解，我们以平面镜的反射为例来说明。

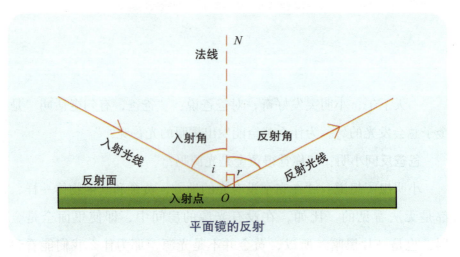

平面镜的反射

先跟我一起认识一下图中的几个概念。

入射点 O：光线射到平面镜上的点。

法线 ON：过入射点垂直于镜面的直线。

入射角 i：入射光线与法线的夹角。

反射角 r：反射光线与法线的夹角。

用一束窄光以某个角度（比如入射角为 60°）射向平面镜，请同学们根据图中所示入射光线的方向，猜想一下反射光线的角度会是多少？

光的反射定律

当光线从一个介质射向另一个介质时，它会在两个介质的交界处发生反射。光的反射遵循哪些规律呢？总结起来就是：三线共面、法线居中、两角相等。

（1）三线共面：入射光线、反射光线、法线在同一平面内。

（2）法线居中：入射光线、反射光线分居法线两侧。

（3）两角相等：入射角 = 反射角。

现在来回答刚才提出的问题，当光线以 60° 的入射角射向平面镜时，反射角等于入射角，也等于 60°。

如何作光的反射光路图呢？

根据光的反射规律，想要作出下图的反射光路图，只需要三步。

怎么完成反射光路？

第一步：首先画法线。法线过入射点，且垂直于镜面。

第二步：以法线为边，在另一侧作一个角（反射角）等于入射角。

第三步：最后标箭头。入射光线的箭头指向入射点，反射光线的箭头远离入射点。

好的，搞定！

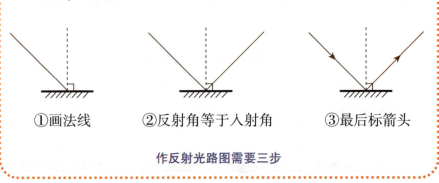

①画法线　　　②反射角等于入射角　　　③最后标箭头

作反射光路图需要三步

想一想，如果光垂直射向镜面，入射角和反射角为多少度？光的传播方向改变了吗？

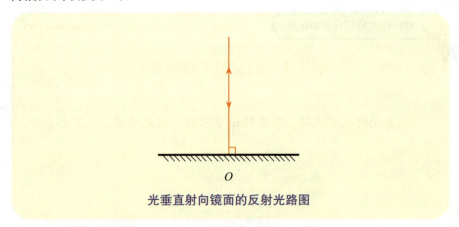

光垂直射向镜面的反射光路图

根据光的反射定律，入射角等于反射角，都是0°。所以当光线垂直入射时，它将被垂直反射出去。

下图中光沿着AO射入，沿着OB射出。想一想，如果反过来，光沿反射光的方向*BO*入射，那么射出的反射光的位置是什么样的呢？

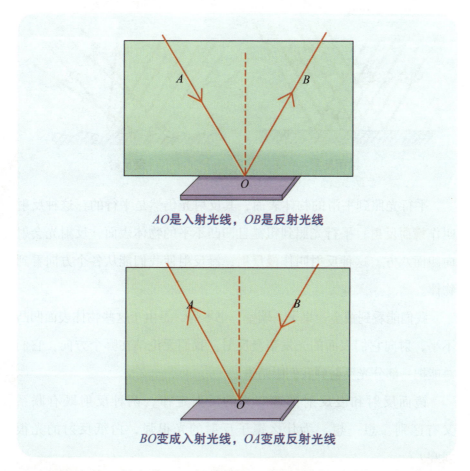

*AO*是入射光线，*OB*是反射光线

*BO*变成入射光线，*OA*变成反射光线

　　根据光的反射定律，反射角等于入射角，所以，得到的反射光线*OA*恰巧是逆着原入射光方向*AO*射出的。光的反射现象中，光路是可逆的。

　　有的物体表面平整光滑，也有的物体表面粗糙不平，当光照到这些反射面上，产生的现象有什么不同呢？

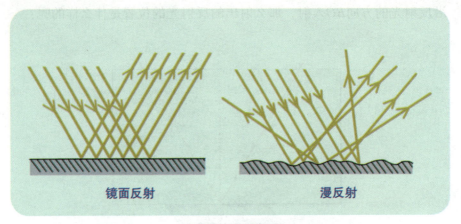

镜面反射　　　　　　　　　　漫反射

平行光照到平滑的物体表面，其反射光仍然是平行的，这种反射叫作**镜面反射**；平行光照到粗糙且凹凸不平的物体表面，反射光会射向四面八方，这种反射叫作**漫反射**，漫反射使我们能从各个方向看到物体。

我们能看到黄金、桌子、墙壁、书本等，是由于这些物体表面凹凸不平，射向它们表面的光发生漫反射。我们无论站在哪个方向，它们总能把一部分光反射到我们眼睛里。

镜面反射和漫反射都遵守光的反射定律，两种反射既有联系又有区别。想一想，为什么镜子反射的光很强，白纸反射的光很弱呢？

看一眼
就懂的物理学常识

镜面反射和漫反射的异同

		镜面反射	漫反射
相同点		都遵守光的反射定律	
不同点	反射面不同	平整光滑	粗糙不平
	实例	镜子；平静的水面	黑板反光；电影银幕用布而不用玻璃

4

镜子里的分身术是如何实现的？

小明站在穿衣镜前，爸爸走了过来，小明侧了下身从镜子中看到了爸爸。接着，小明站直身体，继续看镜子中的自己。

爸爸笑着问小明："你怎么分身了？站在我面前有一个你，镜子里还有一个你。"

小明说："镜子里是我的虚像。长得和我一样，但是不是真实的我。"

爸爸又说："镜子里怎么不是你？和你一样高，和你长得一模一样，和你的表情动作也一模一样。"

小明语塞了："啊这……因为镜子是平面镜呀！"

看一眼就能记住的知识点

什么是平面镜？

平面镜是一种表面平坦、光滑的光学器件，能够通过镜面反射形成与物体等大、对称的虚像。

· 桥梁、建筑和茶壶的倒影

　　我们可以从水中看到桥梁或建筑的倒影，可以从茶盘中看到茶壶的倒影，想一想，在这三个图片中什么是平面镜？

　　观察镜子中的自己，可以总结出平面镜成像的特点和规律：

　　（1）物体和像到镜子的距离相等。

　　（2）物体和像对应点连线与镜面垂直。

（3）物体和像大小相等，左右相反。

所以，平面镜成像的特点也可以表述为：平面镜所成的虚像与物体关于镜面对称。

为什么平面镜成虚像呢？

准备一块薄玻璃板、一支蜡烛、一张白纸，把玻璃板立在白纸上。在玻璃板一侧放蜡烛 S，可以从玻璃板中看到蜡烛 S 所成的像 S'，蜡烛 S 和像 S' 关于玻璃板对称。

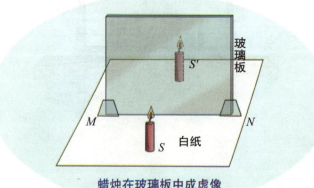

蜡烛在玻璃板中成虚像

注意：像只能从 S 侧穿透玻璃板观察到，在另一侧观察不到，因为并没有实际光线会聚，所以平面镜所成的像为虚像。

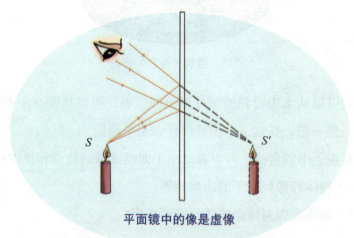

平面镜中的像是虚像

从光源 S 射向平面镜的光反射后有一部分射入人眼，人会感觉到光就像是从其反向延长线的交点 S' 直接射来的一样。S' 就是 S 在平面镜中的像。由于进入眼睛的光并非来自 S'，所以把 S' 叫作虚像。

下图中，AB 表示平面镜前的物体，怎么根据平面镜成像的规律作出它的虚像呢？只要三步，就能画出物体在平面镜中所成的像。

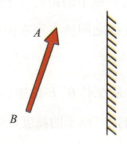

看一眼需要收藏的知识点

三步搞定平面镜成像作图

第一步：作垂线。从 A、B 分别向平面镜作垂线。

第二步：取等距离。在两条垂线上取 $A'O=AO$，$B'O'=BO'$。

第三步：画虚像。虚像可以用眼睛观察到，但不能被光屏接收，在作图时虚像用虚线表示，$A'B'$ 即为 AB 的像。

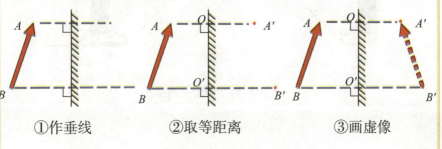

①作垂线　　②取等距离　　③画虚像

平面镜成像作图步骤

想一想，要在穿衣镜中看到自己全身，镜子的高度最少为多少？

"看到全身"是指能够在镜子中看到自己的整个身体，包括头顶、身体和脚部。要看到全身像，就是要让头顶和脚尖的光线，都能反射进入眼睛。

平面镜成像的特点是等大、等距，假设人的身高是 L，他在镜中的像身高肯定也是 L，人到镜子的距离等于像到镜子的距离。分别连接 $A'E$ 和 $B'E$，两条连线之间所夹穿衣镜的范围，就是穿衣镜至少需要覆盖的长度。

很容易看出来，MN 是 $\triangle A'B'E$ 的中位线，它的长度正好是 $\dfrac{L}{2}$。因此，要看到自己的全身像，镜子的高度最少为人身高的一半。

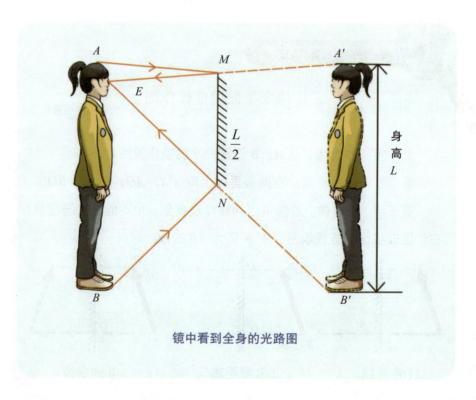

镜中看到全身的光路图

知识岛

潜望镜的光学原理揭秘

潜望镜是一种非常有趣的装置，它能够让你在水下看到水面上的世界，就像是拥有了一双神奇的眼睛。

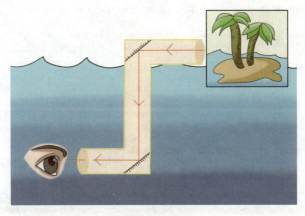

潜望镜原理图

潜望镜的原理非常简单，它通过两个相互平行且倾斜45°角的平面镜，将地面上远处的景物反射的光，照射到上面的平面镜上，再反射到下面的平面镜上，最后再反射到人的眼睛里。这样，你就能够在水下看到水面上的世界了。

早在公元前二世纪，古希腊人就已经开始使用类似的装置来观察敌情了。如今，潜望镜已经被广泛应用于军事、科研、探险等领域，成为人类探索未知世界的重要工具之一。

平面镜成像特点：等大、等距、对称、虚像。

平面镜成像作图步骤：

（1）作垂线；

（2）取等距离；

（3）画出虚像。

平面镜应用：照镜子、潜望镜等。

5

为什么照哈哈镜会让人笑哈哈？

　　小明和爸爸来到商场玩。商场的一楼有个角落挤满了大人和小孩，小明拉着爸爸也往这里走去。

　　原来这里新放置了几面哈哈镜。很多孩子站在哈哈镜面前，看着镜子中的自己笑得前仰后合。小明也来到哈哈镜面前，看到自己匀称的身体在镜子里扭曲拉长，脖子粗了好几倍，鼻子变得巨大无比，不由得捧腹大笑。

　　在哈哈镜的世界里，一切都变得滑稽和奇特。这些令人开怀大笑的变形，其实是由哈哈镜的特殊形状造成的。

　　哈哈镜是一种表面凹凸不平的镜子，它的表面由许多不规则的凸面和凹面组成。当光线照射到哈哈镜的表面时，光会被这些曲面反射，产生各种奇怪的效果。

请观察这两种反射面，它们表面是什么形状的？

不锈钢勺子背面

太阳灶正面

看一眼需要收藏的知识点

扭曲现实的球面镜

不锈钢勺子背面，中间凸出，叫**凸面镜**；太阳灶正面，中间凹陷进去，叫**凹面镜**。凸面镜和凹面镜都是球面或抛物面的一部分，统称球面镜，它们和平面镜一样都遵循光的反射定律。

凸面镜也叫广角镜、反光镜，对光具有发散作用。平行光射过来，发散到四面八方，可以扩大视野范围，常用于汽车后视镜、道路观察镜等。凸面镜成像的特点是成正立、缩小的虚像。

凸面镜发散光线　　　　　汽车后视镜　　　　　道路观察镜

凹面镜对光线具有会聚作用，可以将平行光会聚到焦点上。根据反射光路的可逆性，放置于焦点处的发散光源，经过凹面镜反射可变成平行光。利用凹面镜对光线的会聚作用，可用作太阳灶、台灯、手电筒等。物体在焦点与镜面之间时，在镜面上可成正立、放大的虚像。

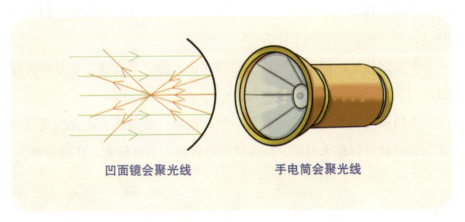

凹面镜会聚光线　　　　　手电筒会聚光线

哈哈镜的反射面凹凸不平，既有凸面镜成像现象，又有凹面镜成像现象。人在凸面镜中成正立、缩小的虚像，而在凹面镜中成正立、放大的虚像，各身体部位就这样在哈哈镜中扭曲变形了。

看一眼就能记住的知识点

凸面镜和凹面镜的应用

凸面镜在道路交通中常用作道路观察镜和汽车后视镜，可以扩大视野，减少交通事故的发生。

凹面镜常被人们用来会聚光线。例如，太阳灶通过凹面镜会聚太阳光，把水壶里的水烧开；耳鼻喉科的医生通过凹面镜会聚灯光，照进患者的耳道。除此之外，制造先进芯片的极紫外线光刻机，也是利用凹面镜会聚紫外线，将紫外线聚焦在硅片上，从而形成所需的芯片电路图形。

在家里找出一把亮闪闪的不锈钢勺子，将勺子凹进去的一面对准自己，照一照，你看到了什么？

不锈钢勺子内侧是球面镜中的凹面镜，能会聚光线。当身体越靠近凹面镜时，镜子里的影像越大。

不锈钢勺子向外凸的一面是一个凸面镜，凸面镜会让光线发散出去，这样就可以扩大视野，凸面镜成的像看上去比较宽，比较伸展。

看一眼
就懂的物理学常识

	凸面镜	凹面镜
特征	凸面镜的反射面是球面或抛物面的凸面	凹面镜的反射面是球面或抛物面的凹面
对光线的作用	发散光线	会聚光线
应用	汽车后视镜、道路观察镜等	太阳灶、台灯、手电筒等

6

为什么站在泳池里腿变"短"了？

　　夏天的天气好热，小明吵着要爸爸带他去游泳馆游泳。爸爸拗不过小明，趁着周末休息就带小明来到离家不远的一家游泳馆。

　　来回游了几圈，小明有点累，就从游泳池爬上岸，披上浴巾坐在游泳池旁边的椅子上休息，看着水里的爸爸。

　　突然小明发现水里的爸爸腿变"短"了，就问爸爸："爸爸，你怎么变成了小短腿儿？"

　　爸爸说："因为光线会拐弯呀！"

　　小明说："光线不是直的吗？还跟道路一样会拐弯？"

　　爸爸说："光线在水和空气的分界面上会发生折射，使得我的腿看起来变短了。咱们一起来探讨一下光的折射吧！"

光的折射

光从一种物质斜射入另一种物质时，传播方向通常会发生偏折，这种现象叫做光的折射。

当光从介质 B 射向介质 A 时，由于折射的光路是可逆的，光线角度偏折后会沿原路返回。

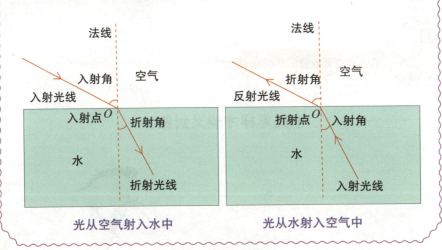

光从空气射入水中　　　　光从水射入空气中

发生折射的时候，要遵循哪些规律呢？

（1）折射光线与入射光线、法线在同一平面内。

（2）折射光线和入射光线分居法线两侧。

（3）入射角增大时，折射角也增大。光从空气射入水中，折射角小于入射角；光从水射入空气中，折射角大于入射角。

光的折射与反射既有相同点，又有区别。

光的反射与折射

	光的反射	光的折射
相同点	反射光线、入射光线与法线三线共面	
	反（折）射光线与入射光线分居法线两侧	
	反（折）射角随入射角增大而增大，随入射角减小而减小	
不同点	反射角等于入射角	从空气进入其他介质：折射角 < 入射角

 看一眼需要收藏的知识点

渔民怎样才能叉到鱼？

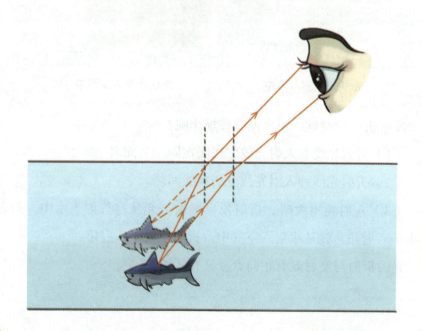

渔民怎样才能叉到鱼？

鱼从水中发出的光线进入空气时，会在水面发生折射，折射角大于入射角。折射光线进入人眼，人眼逆着折射光线的方向看去，觉得这些光线好像是从它们的反向延长线的交点发出来的。这个交点是鱼的虚像，比真正的鱼位置高。所以渔民照着鱼像叉下去是叉不到鱼的，只有叉鱼像的下方才能叉到鱼。

同样的道理，当你在野外看到很浅的小河时，千万不要贸然下水玩。真实的河水肯定比你看到的更深，水浅不过是折射造成的错觉。

一根玻璃丝改变了世界

现在电脑上网都是采用光纤通信的方式。信息要先变成光信号，再沿着光纤穿越千山万水，才能到达我们的路由器，供我们每天上网或通信使用。光纤细如蛛丝，为什么光信号不会从光纤里面跑出来呢？

光纤是由玻璃拉成的细丝，由内到外分为纤芯、包层和保护套，光在光纤的最内层纤芯里传输。

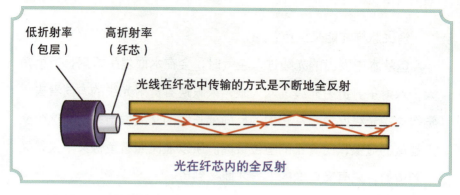

低折射率
（包层）

高折射率
（纤芯）

光线在纤芯中传输的方式是不断地全反射

光在纤芯内的全反射

什么是全反射呢？

光从玻璃（或水）斜射入空气中时，在交界面上也同时发生反射和折射，但折射角总大于入射角。但在入射角增大的过程中，折射角会先达到90°。入射角继续增大时，便没有折射而只有反射了。这种现象叫作全反射。

光不断地在纤芯和包层的交界面上发生全反射，能量损失很少，从而可以传输很远的距离。在这个过程中光被束缚在纤芯中，不会泄漏出来。

华裔科学家高锟通过钻研解决了玻璃纯度和成分等问题，开启了光纤通信投入实际应用的大门，为互联网和移动通信的迅猛发展铺平了道路。在2009年高锟也因该重大原创性成果获得了诺贝尔物理学奖，成为了光纤通信的奠基人。

光的折射特点：

（1）发生在不同介质的交界面上；

（2）在折射现象中，光路可逆。

光的折射规律：

（1）三线共面；

（2）法线居中；

（3）两角不等，入射角增大，折射角也增大。

光的折射应用：水池里腿变"短"，水杯里的筷子变"弯"，瞄准鱼的下方才能叉到鱼，不要轻易下河玩耍。

7

凸透镜将光线变成超级能量束！

爸爸躺在躺椅上看书，享受着片刻的宁静。院子里有一片小小的菜地，小明正拿着放大镜观察蚂蚁。

菜地边有几只勤劳的蚂蚁正不知疲倦地爬着，小明把放大镜靠近蚂蚁，观察放大镜中蚂蚁的样子。

爸爸问小明："小观察家，你观察蚂蚁半个小时了，跟爸爸说说，你看到了什么？"

小明说："我发现，从放大镜里看蚂蚁，蚂蚁的身躯变大了好几倍！而且看起来离我更近了。"

爸爸说："你用手摸摸放大镜，中间是不是鼓起来一个大肚子？所以放大镜又叫**凸透镜**，顾名思义，就是中间比边缘厚的镜片。凸透镜可以使近处的物体看起来更大。凸透镜还能会聚能量使物体燃烧呢！"

看一眼就能记住的知识点

凸透镜能将阳光变成火焰！

假如你想用凸透镜点燃一张纸，你要上下移动凸透镜，调整角度，把阳光聚焦成一个明亮的圆点，这个点上的能量会变得非常高，然后到达一定温度后，"嘭"！一下子纸就点燃了！

这个聚焦的圆点称为焦点，用 F 表示。凸透镜通常有两个焦点，它们对称地分布在透镜的两侧。透镜中心称为光心，用 O 表示。光心到焦点的距离称为焦距，用 f 表示。

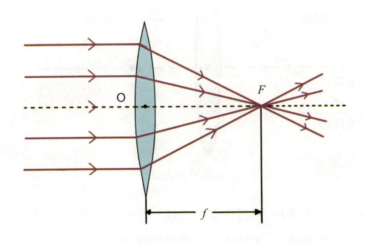

凸透镜的焦点、光心和焦距

由于太阳离我们很遥远，可以把太阳光近似地看作平行光。平行光经过凸透镜后，向内会聚到焦点上。反过来，如果我们在凸透镜的焦点放置一个点光源，那么光经过凸透镜后，会变成一束平行光。

很多人造光源发出的光是射向四面八方的，这样的光发散性太强，传播不了多远就会变弱。因此，需要将这种发散性的光向中心会聚，使它们变得平行一些。于是，凸透镜就有了用武之地，如汽车的车前灯，就是用凸透镜会聚光线的。

凸透镜圆圆胖胖，却拥有很多神奇的功能，这源于凸透镜的成像规律。凸透镜成像有哪些规律呢？学会用三条特殊光线作图，就能快速总结出来！

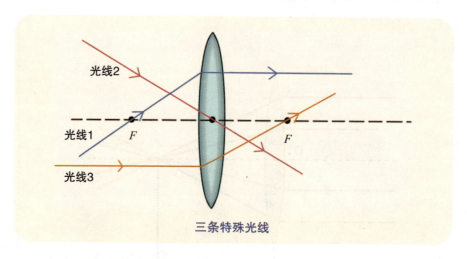

三条特殊光线

（1）蓝色光线1：通过焦点的光线，平行于主光轴射出。

（2）粉色光线2：通过光心的光线传播方向不改变。

（3）橙色光线3：平行于主光轴上的光线会聚到焦点上。

用 u 表示物体到透镜中心的距离，称为物距；用 v 表示像到透镜中心的距离，称为像距。搞清这两个概念，来看凸透镜的成像规律吧！

看一眼需要收藏的知识点

凸透镜的成像魔术解密！

（1）当物距 u 大于 2 倍的焦距 $2f$ 时，从蜡烛头顶发出的光，其中一条平行于主光轴，经过凸透镜后穿过焦点，另一条通过光心传播方向不变，两条直线交点就是蜡烛像的位置。像在 f 与 $2f$ 之间，呈现倒立、缩小的实像，可以用光屏接收到。

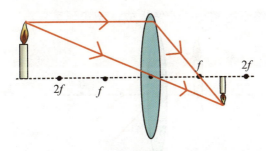

$u > 2f$ 倒立 缩小 实像 $f < v < 2f$

（2）当物距 u 等于 $2f$ 时，成倒立、等大的实像，可以用光屏接收到。

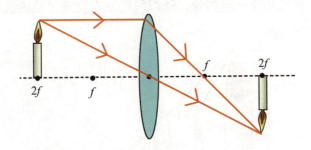

$u = 2f$ 倒立 等大 实像 $v = 2f$

（3）当物距 u 在 f 与 $2f$ 之间时，成倒立、放大的实像，可以用光屏接收到。

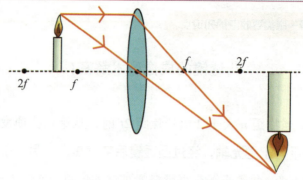

f < *u* < *2f* 倒立 放大 实像 *v* > *2f*

（4）物体在一倍焦距*f*处，过光心的直线和过焦点的直线是两条平行线，始终不能相交，无像生成，无实际意义。

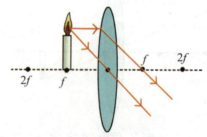

u = *f* 不成像 平行光

（5）当物距*u*小于*f*时，成正立、放大的虚像。因为是光线的反向延长线相交得到的像，所以只能从右侧透过凸透镜看到，左侧是看不到像的。

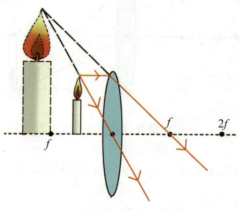

u < *f* 正立 放大 虚像

在学习时要利用三条特殊光线多作光路图，可以帮助我们熟悉凸透镜成像的特点和规律。除此之外，也可以用口诀来辅助理解凸透镜成像规律："一倍焦距分虚实，二倍焦距分大小。

物近像远像变大（实），物近像近像变小（虚）。"

上述凸透镜成像的规律总结为下表。

凸透镜成像规律表

物距 u	像的性质	像距 v
$u > 2f$	倒立、缩小、实像	$f < v < 2f$
$u = 2f$	倒立、等大、实像	$v = 2f$
$f < u < 2f$	倒立、放大、实像	$v > 2f$
$u = f$	不成像	×
$u < f$	正立、放大、虚像	$v > u$

看一眼能背会的知识点

老花眼需要凸透镜拯救！

很多老年人会觉得看远处的东西还算清楚，但看近处的东西就模糊不清！这是因为老花眼的晶状体比正常的眼睛要扁平一些，使得光线的交点落在了视网膜的后面，而不是正好落在视网膜上。

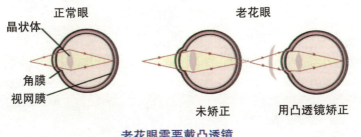

正常眼　　　　　　老花眼

晶状体

角膜
视网膜

未矫正　　　用凸透镜矫正

老花眼需要戴凸透镜

凸透镜可以会聚光线，使得光线的交点前移，正好落在视网膜上。戴上凸透镜制作的老花镜，老花眼就能看清楚近处的东西了！

从小凸透镜到大发明

早在 16 世纪 90 年代，有个名叫扎卡莱亚斯·詹森的小男孩，经常跟着爸爸在街头卖自家打磨的镜片。有一天，小扎卡看着爸爸打磨镜片，突然有了一个灵感：如果把几块凸透镜组合在一起，会怎么样呢？

小扎卡动手一试，哇塞！他发现用组合透镜观察物体，物体变得巨大无比，就像是被魔法放大了一样！从那以后，人们开始使用几片凸透镜叠加来观察微小的昆虫。

这就是显微镜发明的重要铺垫！现在，我们可以用显微镜看到微观世界的美妙景象，都要感谢小扎卡这个聪明的想法呢！

8

近视眼需要凹透镜拯救！

小明放学回家后，羡慕地对爸爸说："爸爸，小天配眼镜啦。今天他戴着眼镜来学校上学，看起来好帅气啊。我也想配个眼镜戴戴。"

爸爸正在擦桌子，抬头看了下小明说："你的视力好得很，根本不用配眼镜。近视眼的同学才需要戴眼镜呢！"

小明想起上次玩的放大镜，就问爸爸："近视眼戴的眼镜是放大镜吗？"

爸爸笑着说："还真不是，如果眼睛近视了需要戴另外一种透镜，这种透镜叫凹透镜。"

近视的同学有个共同的感受，就是看远处的东西像蒙上了一层雾，戴上近视眼镜后视野才会变得清晰。

我们的眼睛里有一个接收光信号的光屏，就是视网膜。视网膜的位置是固定的，不能前后移动。通过调节晶状体的曲率，眼睛能够将一定距离的物体成像在视网膜上。

看一眼就能记住的知识点

近视眼的魔法神器！

眼睛近视后，聚焦能力变强。当眼睛观察远处的物体时，原本可以落在视网膜上的像，现在只能落在视网膜的前方，眼睛看到的景象就会非常模糊。

近视眼

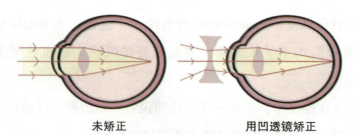

未矫正　　　　　　　　　　用凹透镜矫正

近视眼要戴凹透镜

凹透镜可以把光线发散开，使得光线重新聚焦在视网膜上，这样就能看清远处的物体了。所以，近视眼的同学们，你们需要选择一副用凹透镜制作的眼镜来纠正视力哦！不过还需要注意一点，凹透镜会使得物体看起来变小，你需要适应一下才能习惯。

凹透镜中间薄、边缘厚，呈凹字形，长得很像字母"X"。凹透镜成像有什么规律呢？学会用三条特殊光线作图，就能快速总结出来！

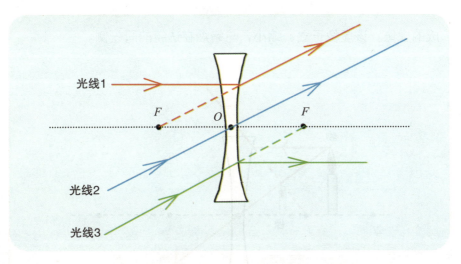

（1）红色光线1：平行于主光轴的光线通过凹透镜折射后，光线反向延长通过虚焦点。凹透镜有2个虚焦点，左右各1个。

（2）蓝色光线2：过凹透镜光心的光线传播方向不改变。

（3）绿色光线3：射向凹透镜另一侧虚焦点的光线折射后平行于主光轴射出。

除了三条特殊光线，还有个不变法则就是：除了经过光心的光线角度不变，其他折射光线一定要比入射光线或其延伸线偏离主光轴。掌握特殊光线的画法，有助于画出凹透镜的光路图，弄清凹透镜改变光线的规律。

看一眼需要收藏的知识点

凹透镜的成像规律揭秘

将蜡烛放在凹透镜一侧，发出的平行光线经过凹透镜发散，其反向延长线过虚焦点，与经过光心的光线相交，交点处即为蜡烛所

成的虚像。该虚像正立、缩小，与蜡烛在透镜的同一侧。

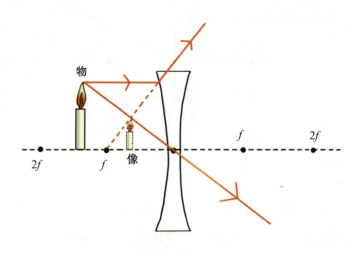

凹透镜成正立、缩小的虚像

凹透镜除了可以用于近视眼镜，还常安装在房屋的入户门猫眼上。

猫眼这个名字真的很形象，因为它有点像猫的眼睛。当你从门外看猫眼的时候，你会发现无论你靠近还是远离，你都看不清室内。但是，如果你在门内看猫眼，你就可以清楚地看到外面的人和物，这是不是很神奇呢？

猫眼是由两个透镜组成的，一个是凹透镜，在门外一侧，一个是凸透镜，在门内一侧。凹透镜会让光线发散，焦距极短，而凸透镜会让光线会聚，焦距则较长。

从室外透过猫眼看向室内时，光线经过凸透镜还未来得及成像，就经过凹透镜发散了，所以你看不清室内的东西。

而从室内看向室外时，光线先经过凹透镜成一个正立、缩小的虚像，正好落在凸透镜的焦距以内，凸透镜起放大作用，成一个正立、放大的虚像，该像恰在人眼的明视距离附近，因此，室内的人能清晰地看到室外。

保护眼睛，从现在做起

近视是由多种因素共同作用的结果，其中，遗传和环境因素是近视的主要原因。长时间盯着电脑屏幕或者手机屏幕、缺乏户外活动等都会让眼睛感到疲劳，从而导致近视。

预防近视的方法有很多，例如"20-20法则"。就是每隔20分钟看看远方的风景，持续看20秒。这样可以让眼睛得到充分的休息和放松，预防近视。

户外活动也非常重要。户外活动可以让眼睛得到充分放松，阳光可以促进身体产生维生素D，有益眼睛健康。

还有一个有趣的方法是"眼球体操"。只需要闭上眼睛，让眼球上下左右转动，就可以锻炼眼部肌肉，让眼睛更加灵活。

看一眼
就懂的物理学常识

	凸透镜	凹透镜
特征	中间厚、边缘薄的透镜	中间薄、边缘厚的透镜
性质	会聚光线	发散光线
焦点	有两个实焦点	有两个虚焦点
应用	点燃纸张、车前灯、老花镜、放大镜等	近视镜、猫眼等

9

彩虹为什么是彩色的？

"爸爸，快来看！"小明站在窗户边呼喊爸爸。

爸爸揉了下惺忪的睡眼，翻了个身，又继续睡觉。

"爸爸，别睡了！快来看彩虹，好美丽呀！"小明走过来一只手拉扯爸爸的睡衣，一只手朝着窗外指。

"真的？"爸爸来了精神，掀开被子，蹬上拖鞋就跟着小明来到窗户边。

阳光明媚，碧空如洗，在太阳的照射下，饱含水汽的天空中挂着一道半圆形的美丽彩虹。

"空气明明是无色的，太阳照过来怎么会变成彩色的呢？"小明问爸爸。

爸爸说："要弄懂这个问题，首先你得知道彩虹其实是一种光学现象，这种现象叫光的色散。"

看一眼能背会的知识点

色散是如何发生的？

　　光的色散现象可以通过三棱镜来观察。当一束白光通过三棱镜时，会被分解成红、橙、黄、绿、蓝、靛、紫七种颜色的光。这是因为三棱镜对不同颜色的光的折射率不同，使得不同颜色的光在经过三棱镜后偏折的角度不同，从而在白屏上形成了彩色光带。

　　白光射入、射出棱镜会发生折射，被分解成各种颜色的光，这种现象叫作**光的色散**。

　　这个现象最早是由牛顿在1666年发现的，他用三棱镜将太阳光（太阳光是白光）分解成各种色光组成的光带，从而揭示了光的色散现象。

　　光的色散现象说明：

　　（1）太阳光是一种复合光，由红、橙、黄、绿、蓝、靛、紫混合组成。

　　（2）不同单色光通过三棱镜的偏折程度不同，红色光的偏折程度最小，紫色光的偏折程度最大。偏折由小到大依次为红、橙、黄、绿、蓝、靛、紫。

　　空气中的小水滴是如何变成七色彩虹的呢？

　　大雨过后，空气中饱含水汽。当太阳光照到小水滴上时，光在水滴表面发生折射，进入水滴内。接着在水滴内壁经过一次反射，从水滴表面折射出来。因此光在水滴内要经过两次折射和一次反射。

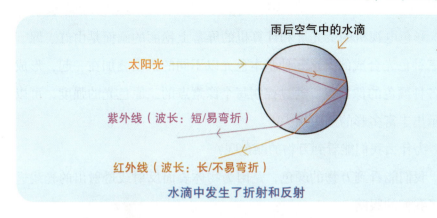

雨后空气中的水滴

太阳光 →

紫外线（波长：短/易弯折）

红外线（波长：长/不易弯折）

水滴中发生了折射和反射

小水滴不计其数，每个水滴都像三棱镜一样进行光的色散，经过无数次反射和折射，就会显现出五彩斑斓的颜色。就这样，太阳光被色散成绚丽的七色光，形成了彩虹。

看一眼就能记住的知识点

如何变幻出万千色彩？

光学里有三个基础颜色，分别是红（Red）、绿（Green）、蓝（Blue），简称RGB。当我们把这三种颜色的光以不同的强度和比例混合在一起时，就可以创造出各种各样的颜色。而这三种颜色的光无法用其他颜色的光混合出来，因此红、绿、蓝被称为"色光三原色"。

红色光波最长，能量最低，可以给人带来温暖的感觉。绿色光波适中，能量较高，代表着生命和自然。蓝色光波最短，能量最高，给人一种冷静和沉着的感觉。

通过调整这三种光的强度和比例，我们可以创造出万千颜色。比如，把红色和绿色混合在一起可以得到黄色，把蓝色和红色混合在一起可以得到紫色，把红、绿、蓝三种颜色混合在一起可以得到白色。

　　彩色电视机的荧光屏和计算机的屏幕上艳丽的画面是由红、绿、蓝三种色光合成的。这三种基本色光以不同的强度叠加在一起，形成了各种颜色的像素点。通过控制每个像素点的三原色光的强度，可以显示出丰富多彩的图像。

　　为什么我们能看到万物的颜色呢？

　　我们能看到万物的颜色，是因为物体表面反射或透射出的光线进入了我们的眼睛。

　　光射到物体上时，一部分光被物体反射，一部分光被物体吸收。如果物体是透明的，还有一部分光会透过物体。不同物体，对不同色光的反射、吸收和透过的情况不同，因此呈现出不同的颜色。

　　透明物体的颜色是由它透过的色光的颜色决定的。当光线通过透明物体时，只有特定波长的光线可以通过，而其他波长的光则会被吸收或散射。例如，红色玻璃只有红色光线才能透过，因此它看起来是红色的。

　　不透明物体的颜色是由它反射的色光决定的。当光线照射在不透明物体的表面时，物体会吸收某些波长的光线，同时反射其他波长的光线。这些被反射的光线的颜色就是我们看到的物体的颜色。例如，当我们看到蓝莓时，是因为蓝莓表面反射了蓝色的光线，而吸收了其他颜色的光线。

光的色散

定义	白光射入、射出棱镜会发生折射，被分解成各种颜色的光，这种现象叫作光的色散。
原因	白光是一种复合光
现象	白光可分解为红、橙、黄、绿、靛、蓝、紫七种色光
应用	三棱镜分解光；彩虹

10

小太阳取暖器的温暖来自哪里?

冬天来了，小明穿着厚厚的棉衣在写作业。尽管穿得很厚实，小明的双手还是感到很冷。于是，小明打开卧室门，对坐在客厅的爸爸喊："爸爸，好冷呀，快拿出小太阳来用吧。我要冻僵了！"

门外传来一声："好的！"

过了一会儿，爸爸搬来了小太阳。他把小太阳放在地上，接通电源，摁下开关，小太阳对着小明转动了起来。不消片刻，房间里就变暖和了。

"爸爸，小太阳为什么会发热呀？"小明问爸爸。

"因为小太阳就是个温暖的太阳呀，打开小太阳后，其发热的原因之一就是小太阳可以发出红外线，红外线有发热的效应，所以我们会感到温暖和舒适。"

看一眼需要收藏的知识点

红光之外的神秘存在

在冬天，当我们感到寒冷时，可以打开小太阳取暖器，它发出的光通常是红色或橙色，看起来就像一个温暖的太阳。打开它后，它会发出红外线，很快就会让我们感到暖和。

红外线有哪些特点呢？为什么它会给我们带来温暖呢？

1800 年，英国物理学家赫歇尔在研究光的能量时，发现了一个奇怪的现象。他用实验装置把白光分解成各种颜色的光，又用温度计去测量不同颜色光带的热量，意外发现，放在红光外侧的温度计，比其他位置的温度计指示值都要高。这说明太阳发出的光线中除了可见光外，还有一种看不见的"热线"，位于红色光外侧，因而称之为"红外线"。

前面我们讲过，能自行发光的物体就叫光源。根据这个定义，人、动物、植物等都不是光源。但是，人、动物和植物等虽然不能发出可见光，却都能发出红外线，因此，都算是红外线源。实际上，世间万物，哪怕是南极的冰川，只要在绝对零度（−273.15 ℃）以上，都可以发出红外线。

红外线具有热效应，能使被照射的物体发热。太阳的能量主要就是通过红外线的形式传送到地球的，小太阳取暖器也是通过产生红外线给我们带来温暖的。

133

遥控器、夜视仪、测温仪的工作原理都涉及红外技术，红外线的应用就像光谱界的瑞士军刀一样功能强大且多样。

想象一下，你正在家中坐着发呆，突然想看电视了，不需要走到电视旁边操作，只要拿起遥控器轻轻一摁，电视就会立刻听你的指挥。摁下按键后，调节音量，选择电视台，也可以通过遥控器来完成。家用电器大多都可以使用普通遥控器或手机遥控器来进行遥控操作，这种技术让我们的生活变得更加便捷。

所有的物体都会发出热量，但是我们的肉眼是看不到这些热量的。热像仪通过一个特殊的镜头接收周围物体发出的红外辐射，然后将这些辐射转换成可见的图像。不同的颜色代表着不同的温度，比如，红色代表高温，蓝色代表低温，既直观又方便。

热像仪有很多实用的用途。消防员可以用它来找到火灾的源头，建筑工人可以用它来检查墙壁的保温情况，医生可以用它来检查病人的身体状况。

红外测温仪利用了红外线对温度敏感的特性。当你进入红外测温仪的"视野"时，仪器会测量出你身体发出的红外能量。温度越高，能量越大，红外测温仪通过读取这个能量值就能知道你的体温。红外测温仪就是利用这个原理，不用接触、快速、准确地测出你的体温的！

看一眼就能记住的知识点

消毒杀菌的神奇光线

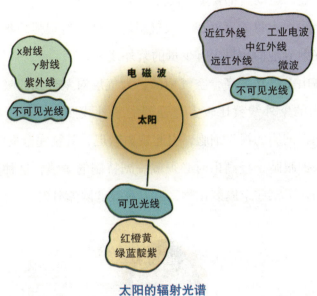

太阳的辐射光谱

　　太阳光中不仅仅包含人眼看得见的光，还包含红外线、微波、紫外线、X射线等不可见光。太阳光经过三棱镜偏折之后，红外线落在红光外侧，而紫外线落在紫光外侧。

　　紫外线具有很强的杀菌作用，医院、实验室等场所常常会利用紫外线来进行消毒。紫外线还可以用于食品加工和保鲜。一些特殊的灯具能够发出紫外线，对食物表面进行杀菌处理，延长食品的保质期。这样一来，我们的食物就能够更加安全、健康地保存。

　　紫外线还具有荧光效应。当紫外线照射在某些物质上时，这些物质会吸收紫外线的能量，然后像一个蓄满能量的灯泡一样，突然发出

明亮的荧光。普通人很难靠肉眼分辨纸币的真假，这时候要靠验钞机帮忙。验钞机发出紫外线照在纸币上，防伪标志就会立刻发出明亮的荧光，让我们一眼看出钞票的真伪。

为什么登山运动员都要戴一副黑眼镜？

太阳会辐射大量的紫外线，大气层对紫外线有很强的吸收作用，所以太阳光射到地面上只含有少量的紫外线了。

但是高山上海拔较高，空气稀薄，大气层对紫外线的吸收少，所以射到地面的紫外线就比较多。强烈的紫外线照射在眼睛的视网膜上，会灼伤视网膜的视觉细胞，引起视力减退，甚至完全失明。

为了保护眼睛，登高山时必须戴一副特制的墨镜，这种墨镜的镜片玻璃里加入了某些金属氧化物，可以有效滤除紫外线。

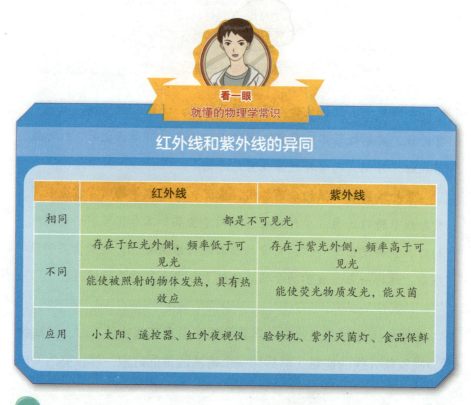

看一眼
就懂的物理学常识

红外线和紫外线的异同

	红外线	紫外线
相同	都是不可见光	
不同	存在于红光外侧，频率低于可见光	存在于紫光外侧，频率高于可见光
	能使被照射的物体发热，具有热效应	能使荧光物质发光，能灭菌
应用	小太阳、遥控器、红外夜视仪	验钞机、紫外灭菌灯、食品保鲜

第四章

不差分毫，认识质量和密度

1

质量是"物质"计数器

一天，小明和爸爸路过一家水果摊，摊主正在卖力地吆喝着："新鲜的苹果，又大又甜，走过路过不要错过！"

小明和爸爸被吆喝声吸引过去。爸爸看了看苹果，就用袋子装了几个拿给摊主去称重，同时对小明说："这些苹果质量真不错。"

摊主看看电子秤，说："质量是 2300 g，请付钱 11 元 5 角。"

小明糊涂了，爸爸说苹果的质量好，摊主说苹果的质量是 2300 g。说的都是质量，可是又明显意义不一样，到底质量是什么意思呢？

看一眼能背会的知识点

什么是质量？

生活中，我们常用到质量这个词：

（1）这家书店的书质量很不错，而且印刷精美，让人阅读起来很舒服。

（2）这款手机的质量真是太差了，用了一个月就出现了各种问题，看来下次得好好挑选一下。

（3）最近买了一件衣服，质量很好，感觉超值！

这些场景中的"质量"一词是指物品的品质。不过，在物理学中，"质量"这个词代表的却是另外一种含义，比如：

（1）十本书比一本书的物质多，我们就说十本书的质量大，一本书的质量小。

（2）一桶水比一杯水的物质多，所以一桶水的质量大，一杯水的质量小。

（3）一袋米比一碗米的物质多，所以一袋米的质量大，一碗米的质量小。

可见，在物理学中，"质量"代表的并不是品质好不好，而是一个物体含有的物质有多少，也就是我们平时口中说的"有多重"。

自然界中的一切物体都是由物质组成的，组成物体的物质有多有少。在物理学中，把物体所含物质的多少叫作物体的**质量**（mass）。物体包含的物质越多，质量就越大，包含的物质越少，质量就越小，质量就是衡量物质多少的"物质"计数器！

物体的质量与物体的状态、形状和所在的空间位置有什么关系呢？

冰块融化成水，固体变成了液体，但水的质量不变。

橡皮泥被捏成了小树叶，形状发生了改变，但橡皮泥的质量不变。

航天员离开地球来到月球，空间位置变了，但航天员的质量不变。

所以质量是物体的基本物理属性，与物体的状态、形状和空间位置的变化无关。

看一眼就能记住的知识点

质量的单位

在国际单位制中，质量的单位是千克，用符号 kg 表示。1889年经国际计量大会批准，国际千克原器作为千克单位标准物的砝码，又被称为"一千克标准物"。该砝码由具有较强抗氧化性的铂铱合金（90% 铂与 10% 铱）制成，直径与高度均为 39.17 mm。2018 年 11 月 16 日，在新一届国际计量大会上，科学家们通过投票，正式让国际千克原器退役，改以普朗克常数（符号是 h）作为新标准来重新定义"千克"。新标准于 2019 年 5 月 20 日实施。

除千克外，质量的单位还有吨（t）、克（g）、毫克（mg），它们之间的换算关系见下图。

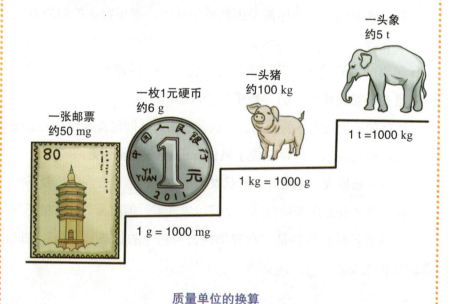

一头象
约5 t

一头猪
约100 kg

一枚1元硬币
约6 g

一张邮票
约50 mg

1 t =1000 kg

1 kg = 1000 g

1 g = 1000 mg

质量单位的换算

在超市里，几乎所有的袋装食品的包装袋上都标出了净含量，有的净含量为 5 kg，有的净含量为 100 g，表示的是这个商品的质量。称量散装蔬菜和米面，机器打出的小票上也会清晰地显示该商品的质量。

你家有体重秤吗？体重秤专门用来测量体重，使用起来特别方便。站上体重秤，显示屏瞬间就能显示出我们的体重。下图中显示体重为 45 kg，也就是质量为 45 kg。可见，体重秤测量的是我们身体的质量呀。

电子体重秤的示数

再来说说拳击比赛吧。你知道为什么拳击比赛要按选手的质量分级吗？

如果一个 120 kg 的大块头拳手和一个小巧玲珑的 60 kg 小个子拳手进行拳击比赛，会出现什么结果？那就好比是重量级打轻量级的战斗，一点儿都不公平！

按体重比赛才能让每个选手都有机会在公平的环境中展现自己的实力，避免出现以大欺小的情况。按体重比赛也可以使不同体重级别的选手有更多机会参与竞争，使比赛更加多元化。

中国拳王邹市明获得了男子拳击北京奥运会 48 kg 级金牌和伦敦奥运会 49 kg 级金牌，并于2016年成为WBO蝇量级（50 kg）世界拳王金腰带得主。

火箭节能大法！

火箭升空，需要大量的燃料助推。火箭的质量越大，消耗的燃料就越多。

为了让火箭飞得更远，航天工程师们想了很多办法。比如，当火箭发射到半空中时，把烧光的那部分外壳卸下来，减小火箭质量，剩余的部分继续向上飞。这就是"多级火箭"技术。

再比如，可以把人造卫星造得小一些，减少它的质量。这样一来，我们的一个火箭就可以把多个小卫星送进太空轨道。这就是"一箭多星"技术。

想在太空中建造轨道空间站，不必把整个空间站一次性发射上去。我们可以把空间站拆成零件，分多次发射到太空中，再在太空轨道上将它们组装起来。这叫"蚂蚁搬家"技术。

看一眼
就懂的物理学常识

质量定义：物体所含物质的多少。

质量单位换算：

1 t = 1000 kg

1 kg = 1000 g

1 g = 1000 mg

如何测量一枚回形针的质量和体积？

小明总是把学习资料到处乱扔，等到需要的时候总也找不到。爸爸给了他一盒回形针，告诉他："小明，你可以分类整理下自己的学习资料，再用回形针夹好，下次就不会丢了。"

小明接过盒子，取出一枚小小的回形针，半信半疑地说："这么小，能夹住学习资料吗？"

爸爸说："别小瞧它，它的作用大着呢！你用用就知道了。"

小明想起家里有一套物理实验装置，里面好像有个天平，能称量物体的质量。可是这回形针也太轻了吧，放在托盘上示数基本不会变化，怎么测量回形针的质量呢？

要直接测量一枚回形针的质量确实不太容易。一枚回形针的质量太小了，要用很昂贵很精密的秤才能称出来，在日常生活中没几个人有这种秤。

在生活中，人们常用性价比高的电子秤、案秤、台秤、天平等工具测量物体的质量。在实验室中，可以用托盘天平测量质量（如图所示是托盘天平的结构）。

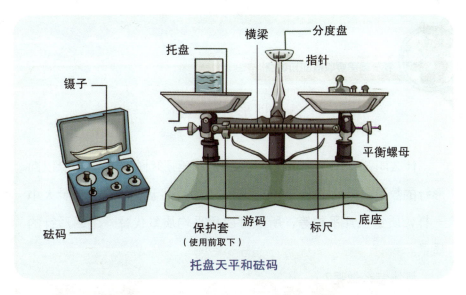

托盘天平和砝码

回形针的质量太小了，小于托盘天平的分度值（一般为0.2g），不能用直接测量的方法，怎么办呢？可以用测多算少法。

先别急着测，做好准备工作再说！准备工作主要是调节天平两端平衡，如果准备工作没做好，最后测出来的结果就会产生很大的误差。

准备工作：

（1）把托盘天平放在水平桌面上。

（2）把游码移到标尺左端的零刻度线处。

（3）调节右边平衡螺母，使分度盘指针对准中央刻度线。

做好这三步，天平横梁就平衡啦，接着就可以用测多算少法了！

看一眼需要收藏的知识点

测量回形针的质量

什么叫测多算少法？就是先测出多个回形针的质量，再除以回形针的数量，就能求出一个回形针的质量了。因为每个回形针大小一样，质量也几乎相等，所以可以用平均质量代替一个回形针的质量。

具体怎么做呢？

（1）将托盘天平调节平衡后，数出 50 个回形针，放到天平左盘，用镊子夹取适量砝码放在右盘。

（2）用镊子拨动游码，使横梁左右平衡。

（3）将右盘砝码的质量和游码在标尺上的读数相加，就是 50 个回形针的总质量。

（4）将总质量除以回形针数量 50，就是一枚回形针的质量啦。

小小回形针的质量测出来了，怎么测出它的体积呢？

像回形针、土豆、香蕉、石块等物体形状不规则，无法用公式直接算出体积。如何才能测量出这类物体的体积呢？

"乌鸦喝水"的故事里面，乌鸦是怎样喝到水的？没错，聪明的乌鸦将小石块叼入瓶子里，小石块沉在瓶底，水面慢慢上升，叼入的石块越多，水面上升得越高，就这样乌鸦成功喝到了瓶子里的水。

思考一下：上升部分水的体积和石块的体积有怎样的关系？想必你心里已经有了答案！

测量回形针的体积

（1）取一只量程为 50 mL 的量筒，注入 30 mL 清水。

左手拿住量筒，稍微倾斜一点儿，右手拿一瓶矿泉水，瓶口紧挨着量筒口，慢慢倒进去，让水丝滑地流到底部。倒入 29 mL 左右时停止注水！这时把量筒放在水平台面上，用胶头滴管一滴滴加进去，一直到 30 mL 为止。

（2）将 20 个回形针轻放入量筒，回形针沉到水底，读取当前量筒刻度值。

不要把回形针一股脑塞进去！要一个个轻轻竖直着放进去，放完一个再放下一个。由于回形针是铁做的，比水密度大，所以会沉到量筒底部。

静置一会儿，读出量筒的示数，也就是水和 20 个回形针的总体积 V。

（3）20 个回形针的体积为（$V-30$）mL，除以回形针的数量 20，就算出一个回形针的体积啦！

因为一个回形针的体积很难直接测出来，所以我们先测出 20 个回形针的体积，求平均数，就得出了一个回形针的体积。这实际上也是测多算少法的应用哦！

量筒常用来测量液体的体积。装了一定量的液体之后，量筒怎么读数呢？

量筒的壁上有刻度线，相邻两条刻度线之间的距离是分度值，表示该量筒测量的精确度。量筒最上面的刻度线旁标有 500 mL、250 mL 字样，这些字样表示量筒的量程，量程是指一次最多能测量的液体的体积。

怎样读取量筒的示数呢？要做到以下两点。

（1）将量筒竖直放在水平桌面上，使刻度面朝向自己，方便后面读数。

（2）无论液面下凹还是上凸，要想正确读数，视线要与凹面底部或凸面顶部在同一水平线上。

下图是液面下凹时的读数方法，请你读读，此时液体的体积是多少？

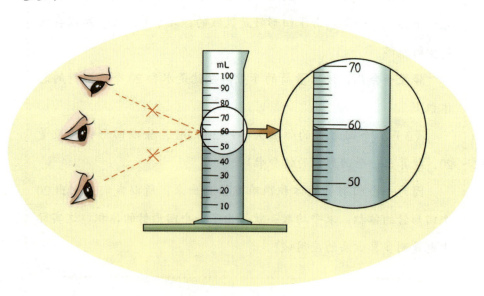

看一眼
就懂的物理学常识

较小物体质量和体积的测量方法：测多算少法。

质量测量工具：天平。

体积测量工具：量筒。

3

一杯水和一杯油，哪个重？

　　小明和爸爸决定进行一场小型的科学实验，以确定水与植物油哪个更重。他们找来两个相同的玻璃杯，分别倒入了相同体积的水和植物油，然后放在一起比较。

　　"根据常识，水应该是更重的，因为它的密度比植物油大。"小明说，同时伸手指了指装水的玻璃杯。

　　"哦？真的吗？"小明的爸爸微笑着说，同时拿起了油杯，"放到天平上试试吧，就知道哪个重了。"

　　猜一猜，一杯水和一杯植物油体积相等，哪一杯质量更大呢？

　　试一试，把水和油同时放在天平两端，观察天平横梁向哪边倾斜，看看自己的猜测是否正确。

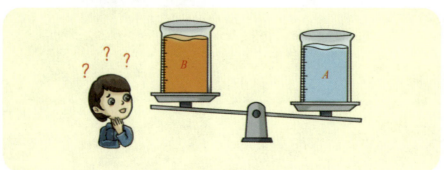

想一想，如果量杯上没标明哪杯是水，哪杯是油，你可以用哪些方法来区分*A*和*B*中的液体呢？

有的同学想到了尝味道、看色泽的方法来区分水和油，这里介绍一个新的方法——密度区分法。

看一眼能背会的知识点

密度区分法

在清水中滴入几滴植物油，你会发现，油像滑冰一样一直在水面上滑动，而水则一直待在油的下面，油是比水"轻"的。

用托盘天平分别测量 100 mL 水和 100 mL 植物油的质量，求出质量和体积的比值，并记录下来。

小明同学通过实测得到了下面的结果：

100 mL 水的质量是 100 g，质量和体积的比值为 1.00 g/mL；

100 mL 油的质量是 91 g，质量和体积的比值为 0.91 g/mL。

从结果中可以看出：相同体积的水和油的质量不相等，质量和体积的比值也不相等。

这充分说明了不同物质组成的物体质量和体积的比值往往不同。因此，这个比值反映了物质的一种特性。在物理学中，某种物质组成的物体的质量与它的体积之比叫作这种物质的密度。

用 ρ 表示密度，用 m 表示质量，用 V 表示体积，计算密度的公式可以写为：

$$\rho = \frac{m}{V}$$

学习了密度后，就可以用密度来分辨 A 和 B 两杯液体哪杯是水，哪杯是植物油了。

查看常见液体的密度表，再和计算出的密度一对比，就知道这种液体到底是什么了！

自然界中的物质种类繁多，有时可以直接通过看、听、闻、尝、摸的方法来分辨。这种方法行不通时，就可以先测质量和体积，根据密度公式求出密度，再查密度表来区分。

看一眼需要收藏的知识点

密度的单位

在国际单位制里，密度的单位同时包括质量和体积的单位，写成 "kg/m^3"，读作 "千克每立方米"。前面用到了密度的一个常用单位 g/mL，此外还有 t/m^3、g/cm^3、kg/dm^3 等。

密度的单位换算：

$1t / m^3 = 1000 \ kg/m^3 = 1 \ kg/dm^3 = 1kg/L = 1g/mL$

从密度的单位也能看出来，先测质量和体积，再做除法，就能求出这种物质的密度啦！

了解物质的密度，不仅可以鉴别区分它们，还能根据物质的特点，为人类更好地服务。下面给出一些常见物质的密度。

常温常压下一些固体的密度表

物质	密度 / (kg/m³)	物质	密度 / (kg/m³)
铂	21.4×10^3	铝	2.7×10^3
金	19.3×10^3	花岗岩	$（2.6\text{\textasciitilde}2.8）\times 10^3$
铅	11.3×10^3	砖	$（1.4\text{\textasciitilde}2.2）\times 10^3$
银	10.5×10^3	冰（0 ℃）	0.9×10^3
铜	8.9×10^3	蜡	0.9×10^3
钢、铁	7.9×10^3	干松木	0.5×10^3

常温常压下一些液体的密度表

物质	密度 / (kg/m³)	物质	密度 / (kg/m³)
水银	13.6×10^3	植物油	0.9×10^3
硫酸	1.8×10^3	煤油	0.8×10^3
海水	1.03×10^3	酒精	0.8×10^3
纯水	1.0×10^3	汽油	0.71×10^3

常见气体的密度表（0 ℃，标准大气压）

物质	密度 / (g/dm³)	物质	密度 / (g/dm³)
二氧化碳	1.98	一氧化碳	1.25
氧	1.43	氦	0.18
空气	1.29	氢	0.09

从常见液体的密度表中可以看到，水的密度是 $1.0 \times 10^3\,kg/m^3$，也就是 $1\,kg / L$，代表 $1\,L$ 水的质量是 $1\,kg$；植物油的密度是 $0.9 \times 10^3\,kg/m^3$，

也就是 0.9 kg／L，代表 1 L 植物油的质量是 0.9 kg。

　　金和铜的颜色都是金黄色，但是价格相差很大。查查密度表，看看金和铜的密度哪个大？妈妈从商店里买回来一串金灿灿的项链，想一想，我们用什么方法可以鉴别这串项链的材质呢？

奥运金牌是纯金的吗？

　　奥运金牌被誉为体育界的最高荣誉。许多人在看到金牌的时候都会好奇一个问题，那就是奥运金牌是纯金的吗？

　　这里我告诉你，奥运金牌并不是纯金的，而是镀金的！

　　国际奥委会规定，奥运金牌中银的含量必须占到 92.5%，另外大部分是铜和锌等其他金属。金牌上的那层金，其实是一种镀层，目的是增加金牌的美观度和防腐蚀性。这层金必须达到 6 g 纯金以上，因此在视觉上，金牌看起来就像纯金打造的一样。

　　奥运金牌并不是纯金的，而是镀金的银牌，但这并不影响它代表的荣誉和价值。

密度定义：在物理学中，某种物质组成的物体的质量与它的体积之比叫作这种物质的密度。

密度的单位换算：

$1\ t/m^3 = 1000\ kg/m^3 = 1kg/dm^3 = 1kg/L = 1g/mL$

4

冰为什么能浮在水上？

在一个寒冷的冬天，小明和爸爸决定去河面上滑冰。他们穿上厚厚的棉服，戴上帽子和手套，准备享受冬季特有的快乐。

小明和爸爸来到了河边，发现河面上结起了一层厚厚的冰，很多人在滑冰。小明非常兴奋，慢慢地开始滑起来。爸爸在离小明不远的地方，也在冰上慢慢地滑动。

小明回头看了看爸爸，问："爸爸，冰为什么浮在水面上呀？"

爸爸说："因为冰的密度比水小呀！密度小的物体会浮在密度大的液体上面。"

小明说："冰是水的固体形态。我记得一本书上说，固体的密度总是大于液体的密度，冰的密度应该比水的密度大才对呀！"

爸爸说："大部分情况是这样的，但，水是个例外。"

看一眼能背会的知识点

水能热缩冷胀！

很多物体都有热胀冷缩的特性，在受热时会膨胀，体积变大，在遇冷时会收缩，体积变小。但，水是个例外！

在常温常压下，水的温度在 4 ℃ 以上时，水遵循着热胀冷缩的规律，随着温度升高，体积增大，密度随之减小。

当水的温度处在 4 ℃ 以下时，水会打破大家以往的认知，产生热缩冷胀现象。这时随着温度降低，体积增大，密度随之减小，直至降到 0 ℃ 结成冰为止。

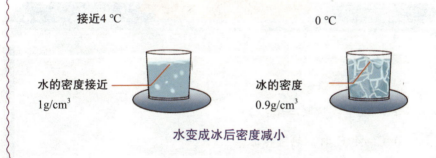

接近4 ℃   0 ℃

水的密度接近 1g/cm³   冰的密度 0.9g/cm³

水变成冰后密度减小

水在 0℃~4℃ 时，即温度降低，其体积会增大，出现热缩冷胀的现象，我们称之为反常膨胀现象。在水温从 4℃ 降到 0℃ 的过程中，水会出现反常膨胀现象。因此，水在 4℃ 时的密度最大。因为冰的密度比水小，所以才会浮在水面上！

水变成了冰，质量并没有变化，但是状态变了，由液体变成了固

体，密度就发生了变化，这说明同种物质的状态变了，密度也会变。

0 ℃ 时冰的密度约为 0.9 g/cm³，水的密度约为 1.0 g/cm³，同体积的冰的质量是水的 90%，即相同体积的冰比水轻，所以冰能浮在水面上。

冰与水的密度比是 9:10，所以冰在水里时，只要有 $\frac{9}{10}$ 的部分在水面以下，它排开水的重量就等于自身的重量了，其余 $\frac{1}{10}$ 就露出水面了。

冰只有十分之一露出水面，也就是所谓的"冰山一角"！（冰山一角比喻事物已经显露出来的一小部分。）

看一眼
就懂的物理学常识

水的温度特性：
4 ℃ 以上，热胀冷缩；
0 ℃~4 ℃ 时，热缩冷胀。

认识新材料——气凝胶

　　小明和爸爸打算用气凝胶来制作一个"气球"。

　　"爸爸，气凝胶真的是世界上密度最小的固体吗？"小明好奇地问。

　　"是的。"小明的爸爸微笑着说，"我们只需要将气凝胶粉末放入一个塑料袋中，然后密封它，就可以制作出一个'气凝胶气球'了！"

　　他们一起将气凝胶粉末放入一个塑料袋中并密封起来，然后将那个塑料袋拿到阳台上。当他们打开阳台的窗户时，正好一阵风吹来，塑料袋开始飘起来！

　　"哇！"小明惊叹道，"它真的像气球一样飘起来了！气凝胶真的很轻呀！"

如烟如雾的气凝胶

咦，这是什么？好像冻住的烟，又似凝结的一团雾气。

这不是烟，而是世界上最轻的固体材料之一——气凝胶。

看一眼需要收藏的知识点

气凝胶是什么？

在适当条件下，高分子溶胶的粘度逐渐增大，最后失去流动性，形成一种外观均匀、形态稳定的弹性半固体，充满气体后就成气凝胶啦！

气凝胶的密度极低，是当今世界上密度最小的固体。其中"全碳气凝胶"是已知量轻的气凝胶，又称"碳海绵"，密度仅有 0.16 mg/cm^3，仅为空气密度的 $\frac{1}{6}$。哪怕将一个马克杯大小的气凝胶放在狗尾草上，纤细的草须也不会被压弯。

1 kg 气凝胶，也就是两瓶矿泉水的重量，由于密度非常小，体积达到了惊人的 6.25 m^3，相当于一个小房间那么大。

虽然看似弱不禁风，但气凝胶摸起来非常坚固，可以承受比自身重几千倍的物体！

看一眼就能记住的知识点

奇特的气凝胶有什么用呢？

气凝胶主要有两个用途：

（1）优良的隔热性能

气凝胶内部99.8%是空气，是已知的导热系数最低的固体材料。它最大的特点是耐高温，用1000 ℃的大火烧，气凝胶也不会有一点儿变化，真让人难以置信！用火焰隔着气凝胶对一朵鲜嫩的花灼烧数小时，花朵几乎没有损伤。

在路上经常看到挂着绿色车牌的新能源汽车，其内部的隔热材料使用的就是气凝胶。

气凝胶是单位体积隔热效果最优的高性能材料，可有效解决新能源汽车电池保温问题，降低自燃的可能性。由于气凝胶密度极小，比普通隔热材料可以减少到原来的 $\frac{1}{3}$ 到 $\frac{1}{8}$ 的厚度及重量。据统计，平均每辆新能源汽车需用到 2～5 m^3 气凝胶产品。

（2）优异的吸附性能

普通海绵一般只能吸附自身重量几十倍的液体，而碳海绵的吸收量是其自身重量的250倍左右，最高可达900倍！同时，碳海绵具有高弹性，被压缩80%后仍可恢复原状。真是一块"超能海绵"呀！

利用碳海绵的超强吸附能力，可用来处理海上的漏油。将气凝胶撒在海面上，能把浮着的漏油迅速地吸收进来。因为有弹性，吸的油还能被压出来回收利用，所以在治理海上漏油方面气凝胶可以

发挥重要作用。

科学家把气凝胶铺在太空轨道上，可以收集宇宙尘埃。早在1999年，气凝胶就已经被制作成"尘埃收集器"，跟着宇宙飞船上了太空，后来又多次被发射到空中收集宇宙尘埃。

知 识 岛

液态燃料为什么比气态燃料更受欢迎？

长征五号火箭采用液氢、液氧作为推进剂。由于液体比气体的密度大1000倍，相同质量下，占用的体积仅为气体的千分之一，只需要存储在较小的储液罐中就够了。

如果采用氢气和氧气做推进剂，就要在火箭身上绑两个超级巨大的储气瓶，把火箭压得头都抬不起来。别说上天了，站直了都费劲儿！

采用液体燃料，火箭就节约了大约1000倍的储存空间，在天上飞行时也变得灵活许多。

我们在夜市摊上经常看到厨师身边有个大铁罐子，里面装的是液化石油气，是由天然气或石油进行加压降温液化得到的。除了做饭，人们有时也会将液化石油气用作大巴车和出租车的燃料。

利用液体密度较大的原理，我们可以在很多事情上提高效能。

看一眼
就懂的物理学常识

气凝胶特点：世界上密度最小的固体。

气凝胶用途：

（1）优良的隔热性能；

（2）优异的吸附性能。

第五章

同心合力，来到力学新天地

1

怎样测量和表示力？

　　小明边翻词典边对爸爸说："爸爸，我发现带'力'字的词语好多呀，有能力、压力、努力、吃力、给力、用力还有活力，这些词语中的'力'意思一样吗？"

　　爸爸正忙着推箱子，说："当然不一样啦。你看，这个箱子太沉了，我推不动它，你快过来帮帮忙，借给我点'力气'，帮我推到墙角去。"

　　在生活中，我们经常使用带"力"字的词语，但是和物理学中的作用力可不是一回事。

看一眼需要收藏的知识点

什么是物理学中的力呢？

　　物理学中的**力**，指的是物体对物体的作用。这个作用可以是"推""拉""提"或者"压"等。小明爸爸把箱子推到了墙角，这就体现了力的作用。

在物理学中，力用符号 F 表示，它的单位是牛顿（newton），简称牛，符号是 N。托起两枚鸡蛋所用的力大约是 1 N。

用手推桌子，手给了桌子一个推力，同时手也受到了来自桌子反方向的推力。用手压桌子，手给了桌子一个向下的压力，同时手也受到桌子向上的支撑力作用。物体间力的作用是相互的。

提书包、推车、拉橡皮筋、捏橡皮泥、俯卧撑……这些例子说明力是物体对物体的作用。发生作用的两个物体，一个是施力物体，一个是受力物体。

看看下面的图片，想想谁是施力物体，谁是受力物体呢？

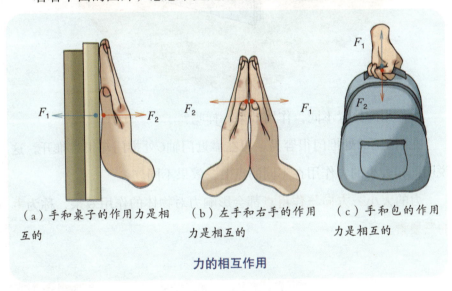

（a）手和桌子的作用力是相互的

（b）左手和右手的作用力是相互的

（c）手和包的作用力是相互的

力的相互作用

用力越大，弹簧被拉得越长，球被踢得越远，门被关得越响。力的大小直接影响物体的状态。

明明用了很大的力推门，可就是推不开，同学轻轻一拉门就开了。哈哈，原来这扇门不是推的，而是拉的。力的方向会影响力的作

用效果。

力作用的位置不同，作用效果一样吗？

在门把手*A*处推门很容易，可在靠近门轴*C*处推门却很难推开，这说明同样大小的力作用在不同的点上，效果不同。

力的**大小、方向与作用点**都会影响力对物体的作用效果，称为**力的三要素**。

力的作用效果有哪些呢?

力的第一个作用效果：力可以改变物体的运动状态。

当你推秋千时，秋千会开始摆动。你的推力越大，秋千会摆动得更快更高，你的推力改变了秋千的高度。如果你往左推，秋千就往左摆，往右推，秋千就往右摆，你的推力的方向也能改变秋千的摆动方向。像这样用推力改变秋千摆动速度的大小或方向，是使物体运动的快慢或方向发生改变，物体的运动状态发生了变化。

一脚把球踢飞了，脚施加的力让球由静止状态变成了运动状态。对面的同学一伸手把球接住了，手的作用力让球由运动状态变成了静止状态。

物体由静止开始运动或由运动变为静止，这种情况也是物体的运动状态发生了变化。结合上面的现象表明，力可以改变物体的运动状态。

除了能改变物体的运动状态，力还能让物体发生形变呢！

玩橡皮泥的时候，如果用手指按压一块橡皮泥，橡皮泥会凹陷下去，手指施加的压力使橡皮泥的形状发生了改变。你还可以把橡皮泥瓣成两半，每块橡皮泥都变小了。这就是力的第二个作用效果：力可以使物体发生形变。

不管是改变物体的运动状态，还是使物体发生形变，力的这些作用效果在日常生活中随处可见，从推车、拉门到跑步、跳跃等，我们每天都在与力打交道。

169

拔河比赛中力的三要素

在拔河比赛中，怎么正确用力呢？这跟力的三要素有关。

首先，力的大小是关键。要选择力气大的同学来参加比赛，同时每个队员都使出最大的力气，以便产生更大的合力来拉动绳子。

其次，力的方向也很重要。在拔河比赛中，队伍成员要朝同一个方向拉绳子。如果有人向左拉，有人向右拉，会导致绳子上的力量分散，无法形成有效的合力。

最后，力的作用点是关键。队伍成员需要站在合适的位置上，站得太密或太稀，力量就不能得到有效的发挥。

因此，在拔河比赛中，力的大小、方向和作用点这三要素会被充分体现出来。通过合理地调整力，队伍可以更好地掌控局面并取得胜利！

看一眼
就懂的物理学常识

力的定义：力是物体对物体的作用。

力的作用效果：

（1）改变物体的运动状态；

（2）使物体的形状发生变化。

力的三要素：力的大小、方向与作用点。

2

无处不在的弹力

爸爸带小明来足球场踢足球。这个足球是新买的，充满了气，踢起来很轻便。

小明把足球放在地上，待足球静止不动后，小明就一脚朝着球门踢过去。

结果足球没进球门，撞到门柱弹回来了。

小明惊呼："爸爸，足球的弹性好大呀，弹回来这么远！"

爸爸坐在旁边空地上，说："足球里可是填充了满满的空气哦。你的脸蛋也有弹性，不信你就捏一下自己的脸蛋，再把手松开，看看凹下去的坑还有吗？"

小明用手指按了下胖嘟嘟的脸蛋，又把手指拿开，刚才凹下去的坑不见了，又恢复成鼓溜溜的样子，于是说："当然没坑啦，因为我的脸蛋是有弹性的！"

看一眼就能记住的知识点 ....

弹性和弹力

很多物体在受力时会发生形变，不受力时又恢复原来的形状，物体的这种性质叫作**弹性**。发生形变的物体要恢复原状，会对跟它接触的物体产生力的作用，这种力就叫作**弹力**（elastic force），物体能完全恢复原状的形变叫作弹性形变；撤去外力后，物体不能恢复原状的形变叫作范性形变。

找个大点儿的弹簧放在桌上，用手向下压弹簧，弹簧变长还是变短了？手有什么感觉呢？

弹簧肉眼可见地变短了。手对弹簧有个向下的压力，弹簧被压短，会对手产生向上的反作用力，力图恢复它原来的形状，这个反作用力就是弹力啦！

松开手，弹簧伸缩几下后马上恢复原状，弹力和压力同时消失。

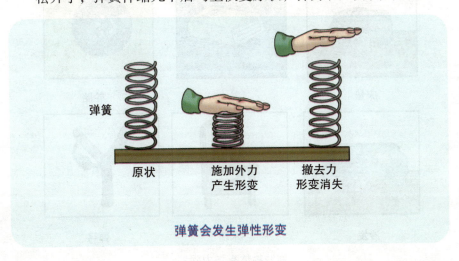

弹簧

原状　　　　施加外力　　　撤去力
　　　　　　产生形变　　　形变消失

弹簧会发生弹性形变

173

注意，物体的弹性有一定的限度！一旦超出弹簧的弹性限度，弹簧就不能完全恢复原来的形状了。

弹力在生活中还有许多应用，比如：

当你坐在床垫上时，会把床垫压出印记。当你起身离开床垫时，床垫会恢复原状。这是因为床垫里有很多弹簧，弹簧具有弹性。当你离开时，弹簧又恢复了原来的形状。

拍篮球时，篮球会上下弹跳，这是因为篮球里面充满了空气。当篮球被压扁时，空气被压缩；当压力消失时，空气又把篮球推回到原来的形状了。

看过跳水比赛吧？运动员起跳时，用力向下蹬跳板，跳板弯曲发生形变。弯曲的跳板在回弹的时候，给运动员一个向上的推力，运动员一下子就蹦到了空中，继而做出各种旋转、翻滚的动作。

不是所有物质都有弹性。想一想，下面哪些物体有弹力，并说一说它们的作用哦。

床垫　　　　书　　　　轮胎

沙发　　　　木椅子　　　　弹弓

哪些物体有弹力呢？

看一眼需要收藏的知识点

跟我一起来制作弹簧测力计

弹力这个东西看不见摸不着，怎么测量它的大小呢？选取弹性适中的弹簧、硬质底板（如木板或硬纸板）、挂钩及刻度工具。

（1）将弹簧垂直悬挂于底板，自然下垂时标记指针初始位置为"0N"，确保弹簧无扭曲。

（2）用已知重量的砝码（如每钩码 0.5 N）依次悬挂，标记对应刻度（如 1 N、2 N），并根据弹性限度确定最大量程。

（3）将相邻主刻度等分（如每 0.5 N 分为 5 格，每格 0.1 N），需验证小范围拉力的线性关系。用实际物体测试精度，若误差较大需重新标定，必要时更换弹簧或优化刻度划分方式。

只要这三步，弹簧测力计就做好啦，是不是很简单？

你发现了吗？物体越重，弹簧被拉伸越长，物体的重量直接影响了弹簧的形变。在弹性限度内，弹簧发生弹性形变时，弹簧的弹力 F 的大小与弹簧的伸长量（或压缩量）的长度 x 成正比。这个规律被英国科学家胡克总结为**胡克定律**。

用公式表示为：

$$F = kx$$

其中 F 为弹力，k 为劲度系数，取决于弹簧本身，x 为弹簧伸长（或缩短）的长度。

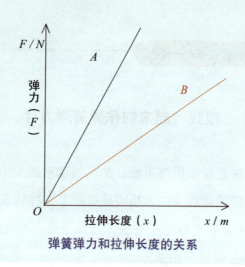

弹簧弹力和拉伸长度的关系

观察 A 和 B 两条直线，A 的弹力系数更大，你明白了么？

弹性形变和范性形变

弹簧、海绵、橡皮筋、气球等物体受力后会发生形变，撤去作用力后又恢复原状，这种形变就叫**弹性形变**，具有可逆性。

不过要注意的是，弹性形变有一定的弹性限度，一旦超出物体的弹性限度，物体就会损坏。就像气球吹到太大，发生了爆炸，就变成橡胶皮碎片了，根本没办法恢复原状。因此，要注意使用物体的弹性限度。

与弹性形变对应的就是范性形变。比如，拉面师傅以其熟练的手法，将面团拉成长长的面条。在这个过程中，面团的形状发生了明显的改变，这是范性形变。

捏泥巴时，泥巴的形状发生了改变，不再是原来的样子，这是范性形变。

折纸时，纸张的形状发生了改变。即使把这张纸重新铺开，仍然留有刚才折纸的印痕，这是范性形变。

从牙膏管中挤出牙膏时，牙膏的形状发生了改变。即使我们松开手，牙膏也回不到牙膏管里了，这也是范性形变。

这些例子都展示了范性形变的基本特性：撤去外力后，物体不能恢复原状的形变叫作**范性形变**。

看一眼
就懂的物理学常识

弹性的定义：很多物体在受力时会发生形变，不受力时又恢复原来的形状，物体的这种性质叫作弹性。

弹力的定义：发生形变的物体要恢复原状，会对跟它接触的物体产生力的作用，这种力就叫作弹力。

弹性形变的定义：撤去外力后，物体能完全恢复原状的形变叫作弹性形变。

胡克定律：$F = kx$。

3

逃不开的重力

　　一天傍晚，太阳西垂，小明走出房门，来到院子里。他低头看看自己的双脚，抬头看看湛蓝的天空，又往远处看了几眼，问爸爸："爸爸，我们为什么能稳稳地站在地上呢？地球不是一直在自转和公转吗？为什么我们感觉不到呢？"

　　爸爸正躺在躺椅上看书，听到小明的问题，就把书放在腿上，笑着对小明说："告诉你答案之前，我也问你几个问题。"

　　小明走到爸爸身边，坐在旁边的凳子上，等着爸爸问问题。

　　爸爸继续说："你知道为什么水往低处流吗？为什么跳蹦床的时候弹起来又会掉下去吗？为什么上楼梯会感觉很累呢？真是太神奇了，不是吗？"

　　小明说："地球上的所有物体好像都受到了一种力的作用，是这么回事吗？"

　　爸爸说："这是因为所有物体都受到一种逃不开的重力的作用。我先给你讲讲大科学家牛顿的故事吧。"

看一眼能背会的知识点

什么是重力？

有一天，著名物理学家牛顿坐在花园里，看到一颗苹果从树上掉下来。他陷入了思考：为什么苹果会掉下来呢？为什么苹果不往上掉呢？为什么苹果不在空中悬着呢？肯定是苹果受到了向下的力的作用，才掉落到地面上，牛顿将这个力称为**重力**。

地球上的一切物体，都受地球吸引力的作用。这种由于地球的吸引而使物体受到的力叫作重力。单位是牛顿，简称牛，符号用 N 表示。

苹果掉到地上，假如没有了重力，苹果就会飘浮在空中。

水往低处流，假如没有了重力，水就不会向低处流了，而是像一块琥珀趴在大地上。

跳蹦床时不管弹得多高，最后都会掉下来，假如没有了重力，人就飞到天上去了，再也回不来。

地球周围被一层厚厚的大气层包裹着，假如没有了重力，空气就会逃离地球，地面附近就没有人类和动物赖以生存的大气层了。

假如没有了重力，我们吃饭、睡觉、喝水都会成大问题，世界的一切都将彻底改变！竖直向下的重力使我们能够在地面上稳定地站立行走，稳定地生活，享受各种各样的乐趣，比如跳绳、打篮球，甚至是在床上翻滚。

重力的大小怎么测?

物体所受的重力可以用弹簧测力计来测量。把物体挂在竖直放置的弹簧测力计的挂钩上,就能测出物体受到的重力,物体所受重力的大小常简称为**物重**。

质量为 1 kg 的物体,物重为 9.8 N;2 kg 的物体,物重为 9.8 N 的 2 倍,也就是 19.6 N;3 kg 的物体,物重为 9.8 N 的 3 倍,也就是 29.4 N;以此类推,可以物体所受重力与其质量的比是一个常量。

若用 G 表示重力,m 表示质量,g 表示重力与质量的比,则地球附近的物体所受的重力跟它的质量的关系是 $g = \dfrac{G}{m}$,即

$$G = mg$$

比例系数 $g = 9.8 \, \text{N} / \text{kg}$

用弹簧测力计测重力

刚才说到了测量重力大小的方法，那么，重力有方向吗？

在测重力的时候，弹簧测力计要竖着放，而且重物把弹簧也拉成了一条竖线，所以，重力的方向是竖直向下的。

人们在一根线下吊一个重物，就做成了一根重锤线。用重锤线可以指示重力的方向（竖直向下），在生产生活中用处可大了。下面两个图里带箭头的线就是铅垂线。

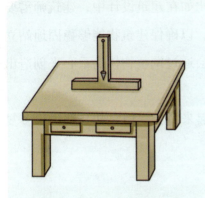 

（a）用重锤线检查桌面是否水平　　（b）用重锤线检查画是否挂正

你能一只手托起大盘子吗？不能捏住盘子边哦。盘子的面积可比手大多了，怎么托起来呢？

虽然盘子的各个部分都受到重力的作用，但是从效果上看，可以认为盘子受到的重力集中作用在一个点上，也就是盘子的几何中心点，这个点就叫盘子的重心。用手掌托住盘子重心的位置，就能稳稳地托起盘子了。

你能找到勺子、水杯、自行车、枕头等物品的重心的位置吗？

像盘子、枕头这类形状规则、密度均匀的物体，重心就在它的几何中心上。

像勺子、水杯、自行车这类形状不规则或者密度不均匀的物体，

想要找出重心来，就要靠经验和技巧了。试试看，你能找到勺子的重心吗？

骑自行车时，控制重心是非常重要的。自行车是一种两轮平衡的交通工具，骑行时需要保持身体的重心与自行车的重心在一条竖线上，才能保持平衡。如果身体重心偏离了自行车的重心，自行车就会失去平衡，容易摔倒。

重心还应用在很多其他的领域。比如在建筑设计中，建筑师需要精确地计算和定位建筑物的重心位置，以确保建筑物能够稳固地站立在地面上。在艺术创作中，艺术家也会通过调整物体的重心来创造出更有动态感的作品。

总的来说，重心这个概念虽然看起来简单，但它却是解决很多复杂问题的重要工具。

如何找薄木板的重心呢？

形状规则的物体，它的重心在它的几何中心上。那么，怎么找密度不均匀、形状不规则的薄木板的重心呢？这里介绍一个简便实用的方法——悬挂法。

悬挂法就是要在薄木板的不同点 A 和 C 悬挂，并在薄木板上画出竖直的直线，最后取两条直线的交点便是要找的薄木板的重心。

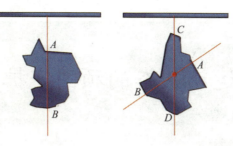

悬挂法找薄木板的重心

挂在 A 点，当木板静止时，用笔和刻度尺在木板上画出与细棉线重合的重力作用线 AB；然后挂在 C 点，用同样的方法再画出另一重力作用线 CD；AB 与 CD 的交点 O 就是薄木板重心的位置。

悬挂法是一种实验方法，可以用来确定单薄物体的重心，对于厚实的物体，其重心位于内部，用悬挂法就难以准确定位了。

看一眼
就懂的物理学常识

重力的定义：地球上的一切物体，都受地球吸引力的作用。这种由于地球的吸引而使物体受到的力叫作重力。

重力方向：竖直向下。

183

4

运动状态的顽固守护者

　　小明和爸爸坐在客厅沙发上看电视里的冰壶比赛。一轮比赛结束后，小明问爸爸："冰面非常滑，冰壶为什么最后都会停下来呢？"

　　爸爸说："因为冰壶在运动的过程中受到了冰面的摩擦阻力啊。"

　　"啊？冰面这么光滑还有阻力吗？"

　　"当然有啦，冰面的阻力比较小，所以冰壶可以滑动很远的距离，但是速度会越来越慢，最后就停下来啦。"

　　小明点点头说："哦，我明白了。怪不得不管我怎么用力推墙角的那张大桌子，怎么也推不动，肯定是来自地面的摩擦阻力太大了！"

　　爸爸说："哈哈，对！这个道理是不是很简单？可你知道吗，搞清这个道理花了足足两千年呢！"

　　两千多年前，古希腊有个哲学家、科学家亚里士多德，他把自己的感觉和经验总结成了一个"道理"：要想让物体保持运动，就得一直向物体施加作用力。一旦物体不再受到外界的作用力，它就会停止运动。

　　拜托！运动的冰壶停下来可是受到了阻力的，哪里是没受到外界的作用力呢？

但是在当时，亚里士多德的学说被教会奉为金科玉律，任何人都不得质疑。所以，这个"道理"就一直传播了一千九百多年，直到伽利略的出现。

伽利略通过大量实验分析得出：物体的运动并不需要力来维持，物体停止运动是因为受到了阻力。

亚里士多德认为运动要靠力来维持，而伽利略认为运动不需要力来维持，哪个说法正确呢？

1687年，英国伟大的数学家和物理学家牛顿在总结伽利略等前人工作的基础上，写了名为《自然哲学的数学原理》的光辉著作，提出了牛顿三大定律，促进了近代科学研究的发展。牛顿第一定律就是惯性定律，强调"从现象归纳普遍规律"的实证精神，反对脱离观测的假设。肯定并发展了伽利略的观点。

那么，什么是惯性呢？

物体有保持原有的静止状态或匀速直线运动状态的性质。我们把物体的这种性质叫作**惯性**。

假如冰面是绝对光滑的，不会产生一丁点儿阻力，冰壶具有惯性，运动的冰壶会一直在冰面上往前跑，永远都不会停下来。

物体都想保持原来的运动状态

惯性定律是指：一切物体总保持匀速直线运动状态或静止状态，直到有外力迫使它改变这种状态。

也就是说，如果运动的物体不受到任何力的作用，那么它将始终保持原来的运动状态。

投掷出冰壶后，冰壶没有马上停下来，继续滑行是惯性作用。因为不存在绝对光滑的物体，冰面存在摩擦，其阻力终将使其停止。

快速骑自行车时，如果突然把前轮刹住，后轮有可能会翻起来，你知道为什么吗？

这是因为前轮受到阻力突然停止转动，但车上的人和后轮要保持继续向前的运动状态，所以后轮会翻起来。今后骑自行车时，如果速度比较快，千万不要单独用前闸刹车，否则可能会出现翻车事故！

惯性的大小与物体的质量有关。质量越大的物体，惯性就越大，这就是为什么大型货车突然刹车时，刹车距离更长的原因。

惯性是物体的固有属性，与物体是否运动无关。无论是静止还是运动的物体都具有惯性。

当公交车静止时，乘客身体也处于静止状态；当车辆突然启动，人的下半身随车运动，而上半身因惯性会保持原来的静止状态，导致身体后仰。

用手拍拍裤腿，上面沾的灰尘就掉下来了，是因为人在拍打裤腿时，布料受力突然运动，而灰尘因惯性会保持原来的静止状态，从而脱离布料。

在水杯里倒半杯水，放在桌布上，快速抽走桌布。杯子和水原本静止，当桌布被快速抽出时，摩擦力作用时间极短，惯性使杯子和水保持静止状态。需快速抽动桌布。若速度过慢，摩擦力作用时间延长，杯子会被桌布带动而倾倒。

看一眼能背会的知识点

牛顿第一定律的应用

生活中人们常常利用物体的惯性。

在运输过程中，司机会把易滚落的物品固定在卡车后斗上，利用物体的惯性保持其位置稳定。

跳远运动员飞身一跃，利用自身的惯性，在空中继续前进，以提高成绩。

锤子的锤头变松了，人们常用撞击锤柄下端的方法使锤头紧套在锤柄上。这是因为锤柄突然停止时，锤头会由于惯性继续向下运动。

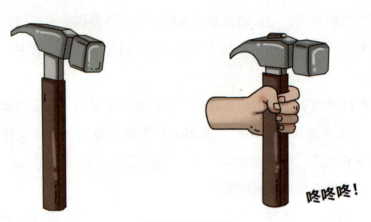

咚咚咚!

利用惯性紧固锤头

在滑冰比赛中，运动员需要穿着沉重的冰鞋来增加他们的惯性，因为质量越大，惯性也越大，这样运动员就可以更好地控制自己的身体姿势和速度。

虽然惯性在我们的生活中有很多好处，但有时候也会带来一些麻烦。例如，在乘坐公共交通工具时，当车辆突然刹车时，他们的身体会向前倾斜，这可能导致碰撞从而受伤。因此，车辆的行驶速度不宜过快。

此外，在行走或跑步时，如果没有注意到前方障碍物而突然改变方向，也可能会因为惯性而失去平衡。

汽车安全带可以说是"生命守护神"，时刻保护着驾驶者和乘客的安全。当汽车刹车时，由于惯性的作用，我们还会保持原来的运动状态，继续向前运动。这时，安全带就会发挥它的作用，把我们紧紧地固定在座位上，防止我们因惯性而突然向前冲，造成伤害。

安全带让我们在汽车行驶过程中保持安全，记得系好安全带哦！

看一眼
就懂的物理学常识

惯性的定义：物体有保持原有的静止状态或匀速直线运动状态的性质。

惯性特点：固有性（所有物体固有）；质量依赖性（仅由质量决定）；普遍性（任何状态存在）；与力、速度的无关性。

惯性的应用：抽走桌布，水杯不动；跳远运动员飞身一跃，利用惯性提高成绩；锤头松了，利用惯性紧套在锤柄上。

5 生活中无处不在的摩擦力
能消失吗？

　　天气很热，小明口干舌燥，爸爸就给小明买了一瓶矿泉水。小明接过矿泉水，使出了全身的力气，可就是拧不开瓶盖。于是就把矿泉水递给了爸爸，并对爸爸说："爸爸，请帮我拧开矿泉水，我好渴呀！"

　　爸爸不慌不忙地从包里抽出一张卫生纸，包裹在瓶盖上，用手轻轻一拧，瓶盖就开了。

　　小明抓起矿泉水赶紧喝了两口，然后对爸爸说："爸爸，你的力气好大呀！我怎么拧都拧不开。"

　　爸爸说："我能拧开瓶盖可不是因为力气大，而是巧用了摩擦力！"

看一眼就能记住的知识点

什么是摩擦力呢？

生活中的一切物体相互接触时，都会产生摩擦力，即使是光滑的冰面也不例外。

当两个物体彼此接触和挤压，并发生相对滑动时，在接触面上就会产生阻碍相对滑动的力，这种力称为**滑动摩擦力**。

想象一下，你在滑冰场上小心翼翼地滑行，你的好朋友轻推你一把，你会怎么样？对啦，你会因为推力往前滑动一段距离，然后因为阻力停下来，这个阻力就是滑动摩擦力。

无论多么光滑的接触面，用显微镜看，也一定会有凹凸不平，物体在上面运动当然会产生滑动摩擦力啦。

当你骑自行车时，用力蹬脚踏板使轮子转动，轮子与地面之间由于滑动摩擦力的存在就不会打滑，这样你才能够前进。

当你用抹布擦拭桌子的时候，抹布和桌子之间也会有一种滑动摩擦力，这样才能够清洁桌面。

当你用橡皮擦擦除铅笔写的字时，橡皮擦与纸张之间的滑动摩擦力可以把铅笔痕迹擦掉。

如果有一天，滑动摩擦力突然不见了，想一想会发生什么呢？

早上一起床，想要关掉闹钟，发现一碰，闹钟就从桌子上滑出去了，掀开被子，发现根本就抓不住被子，身子一动被子就直接"飘"出去了。

天啊！再不换衣服，上课就要迟到了。可是衣服太滑了，根本就

191

穿不上去，这可怎么上学啊？没有摩擦，我们出不了门，上不了学，做不了事，什么也干不了！

有人做过这样的统计：人类一次性能源的三分之一是通过摩擦消耗掉的，80%的装备因为磨损失去效用。

是不是很吃惊？事实就是这样。

在机器设备中，轴承和齿轮是用来传递运动和动力的。如果没滴入润滑剂，这些部件之间的摩擦会很大，导致磨损和过热，不到一个月就得报废。润滑剂可以减小摩擦，提高效率，并延长这些部件的使用寿命。

你正在抱一个沉重的箱子，累得吭哧吭哧也没抱起来，低头一看发现了新大陆：箱子下面有两个小轮子！于是你放下箱子，打开轮子，轻松地拉着箱子走了。轮子滚动产生的滚动摩擦力远远小于抱箱子或者拉箱子用的力气。

摩擦力并不总是给我们带来麻烦，有时还能帮我们解决烦恼。

看一眼需要收藏的知识点

静摩擦与滚动摩擦

除了滑动摩擦外，还有另外两种摩擦现象。当用力推一个较重的物体时，物体没有动，是因为它受到了地面摩擦的作用，这种摩擦叫作**静摩擦**。

手握住物体，物体不掉落，也是受到了静摩擦的作用。

当一个物体在另一个物体表面滚动时，物体所受到的摩擦叫作**滚动摩擦**。在一般情况下，滚动摩擦比滑动摩擦小得多。

绳结和摩擦力

绳结是人们在绳子上打出的结。在打绳结的过程中，摩擦力起到了关键作用。

首先，摩擦力可以帮助打结。打结时，需要交叉绳子并相互拉扯来形成结。在这个过程中，摩擦力起到了防止绳子滑动的关键作用，从而使结保持稳固。

其次，摩擦力也可以帮助解开绳结。摩擦力会帮助我们控制绳子的滑动，从而更容易地解开绳结。如果施加的摩擦力过小，结就容易滑动，难以解开。

绳结是一种非常实用的工具，可以用来系紧物品、固定物品、攀爬等，它的每一种功能都和摩擦力密不可分。

　　滑动摩擦力的定义：一个物体在另一个物体表面上发生相对运动时，在两个物体接触面之间会产生阻碍物体相对运动的力，这种力叫作滑动摩擦力。

　　增大摩擦：车胎花纹，鞋底花纹，抹布擦桌子等。

　　减小摩擦：机器设备滴润滑剂，滚动摩擦代替滑动摩擦等。

6 为什么轮船又大又重却不会沉到水里?

在一个和煦的午后,小明和爸爸来到江边看风景。小明站在江边,看着一艘艘大船在江中缓缓驶过。阳光洒在江面上,波光粼粼,大船的船身随着波浪起伏,显得格外壮观。

为什么大船是铁做的,却不会沉到水中呢? 小明陷入了遐想。

爸爸见小明发呆,就拍拍小明的肩膀,说:"在想什么心事呢?"

小明说:"这些船又大又重,为什么不会沉下去呢?"

爸爸说:"因为它们受到的浮力特别大,所以沉不下去。听说过'浮力'这个词吗? 我给你讲一讲。"

看一眼能背会的知识点

水中物体都受到浮力的作用

液体对浸入其中的物体的四周都有压强，液体内部的压强随深度的增加而增大，因此物体受到的向上的压力要比其受到的向下的压力大。这些压力的总效果，就形成了一个作用于这个物体的向上的力，即**浮力**。

浮子式油量表是一种用于测量液体（如燃油）容器中液位的装置，其工作原理基于浮力原理。

浮子式油量表由浮子和与之相连的测量杆组成。浮子通常是一个密度较低的空心物体（如塑料或金属），能够漂浮在液体表面。测量杆则是一根与浮子相连的竖直杆，用于传递浮子的位置信息。

浮子的位置代表油箱的油量

浮子放置在液体中时，会受到液体的浮力作用。随着液位的变化，浮子会随之上下浮动。当液位升高时，浮子上升；当液位下降时，浮子下降。这种运动通过测量杆传递到传感器或指示器。

这样，驾驶员就能随时了解油箱中的油量，以便决定是否加油。

漂浮在水上的物体自然是受到了水向上的浮力，水中的物体呢？沉在水底的物体呢？它们还受到水向上的浮力吗？

实际上，不管是水面的物体，还是水中或水底的物体，都会受到水的浮力。

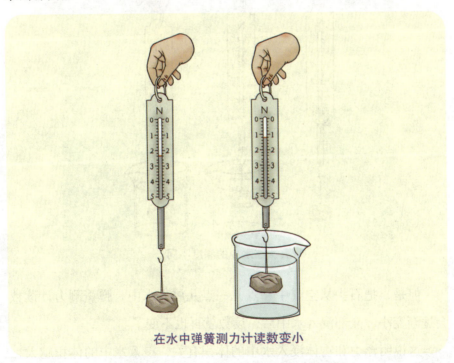

在水中弹簧测力计读数变小

准备一个弹簧测力计和一块石头，把石头绑在弹簧测力计的挂钩上。

先测量空气中石头的重量，再把石头沉入水中（不要碰到水

197

底），再次测量读数。比较两次读数，会发现，第二次读数明显比第一次小。这表明水对它们有一个向上托起的力。浸在液体中的物体受到向上的力，这个力叫作浮力。

浮力的大小和物体在水中的深度有关吗？改变石头在水中的深度，会发现弹簧测力计读数不变。所以，只要石头全部沉到水里，不管深还是浅，所受的浮力不变，浮力大小和深度无关。

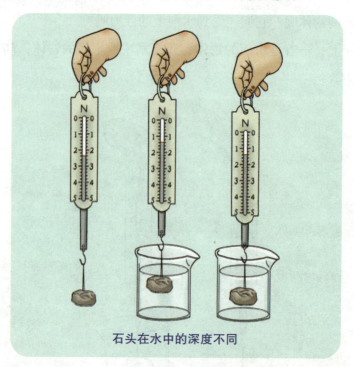

石头在水中的深度不同

但是，把石头从空气中一点儿一点儿放入水中，弹簧测力计读数会逐渐变小，全部浸入水中后，读数就再也不变了。

这说明浮力和物体浸入水中的体积有关，浸入水中的体积越大，受到的浮力越大。

你听说过死海吗？死海之所以被称为死海，是因为它的含盐量极高，达到了普通海洋的 8.6 倍，导致水中没有生物存活，甚至岸边也很少有其他生物。

这么高的含盐量使得死海的密度高达 1240 kg/m³。当一个人跳进死海时，他受到的浮力足以大到和重力抵消，所以会一直漂浮在水面上，即使不会游泳也沉不下去。

是不是觉得很神奇？在家动手来验证一下吧。

在杯子中倒入清水，把鸡蛋放进去，你会发现鸡蛋沉到了杯底。往水里加盐，当加到一定的量时，你会发现鸡蛋浮起来了！

这说明当鸡蛋完全浸没在盐水或清水中时，盐水的密度大于清水的密度，且排开液体的体积相同，鸡蛋在盐水中受到的浮力更大。

为什么大轮船能漂浮在水面上？

轮船的体积和重量都很大，因此它排开水的体积也大，根据浮力的计算公式，受到的浮力就会很大。这样它就能从水中获得足够的浮力来支撑起它的重量，就像一个大的泡沫箱一样浮在水面上。

看一眼
就懂的物理学常识

浮力的定义：浸在液体中的物体受到向上的力。

浮力的方向：竖直向上。

浮力的大小：与浸入液体中的体积、液体的密度有关。浸入液体中的体积越大，液体的密度越大，浮力就越大。

7 为什么泡泡不往天上飞？

午后，小明和爸爸到公园来玩。公园里有两个小孩在快活地跑来跑去，他们每个人手上都抓着一把电动泡泡枪，枪口里喷出很多泡泡，在阳光的照耀下，发出五颜六色的光芒。

小明羡慕地看着，他还没有玩过这种泡泡枪呢。

爸爸问小明："注意看那些泡泡，它们是怎么运动的？"

小明看了一会儿泡泡，说："这些泡泡们慢慢降落，最后落到地上就消失了。"

爸爸说："你知道为什么泡泡不往天上飞吗？"

小明说："因为泡泡受到的重力大于其所受的浮力吧！"

爸爸听完哈哈笑了，"说得对！为什么让你认真观察呢？因为生活中蕴含着大学问。"

相传，希伦王让工匠做了一顶黄金王冠。做好后，为了验证王冠是否掺假，就请阿基米德来检验。阿基米德琢磨了很久，都没有想到好办法。

一天，他坐在浴盆里洗澡，看到水不停从浴盆里溢出来，突然灵光一闪，大叫："有办法了！"

阿基米德想到了什么办法呢？

把王冠和同等重量的纯金分别放在两个盛满水的水盆里，比较两个水盆溢出来的水量，发现放王冠的水盆里溢出来的水比另一盆多。这说明王冠的体积比相同重量的纯金体积大，王冠里肯定掺进了其他金属。

当然了，阿基米德原理不仅可以用来检测金属的纯度，更主要可以用来测量物体受到的浮力。

看一眼就能记住的知识点

怎么计算浮力的大小？

根据阿基米德原理，浸在液体中的物体受到竖直向上的浮力，浮力的大小等于它排开的液体所受到的重力。阿基米德原理也适用于气体。

$$F_浮 = G_排$$

只要把放王冠的水盆里溢出的水称一下重量，就可以得到王冠在水中受到的浮力了。

看一眼需要收藏的知识点

物体的浮与沉

把木球和铁球浸到水里，放开手，木球上浮到水面，铁球下沉到水底。为什么木球上浮，而铁球下沉呢？

浸没在液体中的物体，受到两个力的作用：竖直向下的重力和竖直向上的浮力。

当重力大于浮力时，物体下沉。

当重力等于浮力时，物体受力平衡，悬浮在液体内。

当重力小于浮力时，物体上浮。

因为木球所受的重力小于其所受的浮力，所以木球上浮；因为铁球所受的重力大于其所受的浮力，所以铁球下沉。

物体所受重力的计算公式为：

$$G = mg = \rho_物 \times V \times g \quad（V 表示物体的体积）$$

物体所受浮力的计算公式为：

$$F_浮 = \rho_液 \times V_排 \times g \quad（V_排 表示物体浸入液体的体积）$$

当物体全部浸入液体中时，$V_排$ 正好是物体的体积 V，比较重力和物体所受的浮力和重力大小就相当于比较物体的密度和液体的密度大小。

物体所受的浮力和重力大小如果物体的密度小于液体的密度，物体上浮；如果物体的密度等于液体的密度，物体悬浮；如果物体的密度大于液体的密度，物体下沉。正是根据这个道理，在用盐水选种时，干瘪的种子会浮上来，饱满的种子沉下去。选出饱满的种子后，就可以种植了。

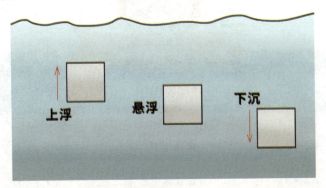

物体的浮与沉

热气球是怎样飘起来的?

热气球的升降与热气球内部气体的密度有关。

热气球的巨大气袋中充满了空气。打开燃气装置，喷出的火焰使袋中的空气温度上升。当上升到 100 ~ 120℃时，热空气的密度会下降到常温时的 75% 左右，热气球受到的浮力大于自身所受的重力，于是，热气球便飘起来了。

看一眼
就懂的物理学常识

浸没在液体中的物体沉浮条件

$\rho_物 < \rho_液$	在液体中上浮	$F_浮 > G_物$
$\rho_物 = \rho_液$	在液体中悬浮	$F_浮 = G_物$
$\rho_物 > \rho_液$	在液体中下沉	$F_浮 < G_物$

第六章

举足轻重，揭秘压力和压强

1 电梯上升时为什么感觉身体变重了？

星期天，小明拉爸爸去逛商场。在乘观光电梯上升时，小明突然感觉身体变重了，于是问爸爸："爸爸，为什么我感觉自己变重了，这是错觉吗？"

爸爸笑着说："这可不是错觉，你的体重没有变，只是你对电梯的压力变大了！"

看一眼能背会的知识点

什么是压力？

当电梯刚开始启动时，人体对电梯底板的压力增大，就会有超重的感觉。

当电梯运行平稳之后，人和电梯以相同的速度上升，人对电梯的压力刚好等于自身的重力，在电梯里的感觉就像和在地面一样。

当电梯到了指定的楼层要停下来时，电梯开始减速。依据牛顿第一定律，人还要保持上升的趋势，人对电梯地板的压力小于它所受的重力，就会产生失重的感觉。

压力和重力不光大小不一定相等，方向也不一定相同呢。

在乘斜坡扶梯的时候，人所受重力的方向是竖直向下的；而人对扶梯的压力是垂直于扶梯面斜向下的。

所以，压力和重力根本不是一回事！

压力和重力的区别与联系

类别		压力	重力
区别	定义	垂直作用在物体表面的力	物体由于地球的吸引而受到的力
	方向	垂直于受力物体表面	竖直向下
联系		都具备力的三要素，可以改变物体运动状态或使其发生形变	

压力产生必须满足两个条件：

（1）彼此接触；

（2）相互挤压。

也就是说，当两个物体相互接触时，接触面倾斜角度不同，压力的大小和方向也不同。压力在性质上属于我们前面学过的弹力。

压力总是成对出现的。小明站在电梯上，小明给了电梯一个向下的压力，电梯反过来也给了小明一个大小相等的向上的支持力。这两个成对的力就是作用力与反作用力。

往木头上钉钉子时，钉子的上表面会受到锤头的压力，钉子又施加给锤子一个压力；打乒乓球时，球拍给乒乓球一个压力，乒乓球也给了球拍一个压力。

小明和小丽来滑雪场滑雪。他俩体重差不多，可小丽陷进了雪里，寸步难行，而小明一个稳稳地站在雪面上。为什么呢？因为小明穿了滑雪板，而小丽穿的普通棉鞋。

看一眼就能记住的知识点

压力的效果与什么有关呢？

滑雪板的面积很大，可以分散身体对雪地的压力，这样小明就不会陷入雪中啦。而小丽的棉鞋底面积比较小，整个身体的重量都压在棉鞋下面的雪上，所以一下就陷进去了。

这告诉我们，即使物体的压力相同，只要接触面积不同，压力的作用效果就会不一样。

在物理学中，把压力的大小与受力面积的比叫作**压强**。用 p 表示压强，F 表示压力，S 表示受力面积，则压强可以表示为

$$p = \frac{F}{S}$$

在国际单位制中，压强的单位是 N/m^2，读作"牛每平方米"。在物理学中，压强单位是帕斯卡，简称帕，符号是Pa。$1\ N/m^2 = 1\ Pa$。

比如，太空中压强为 0 Pa，一张报纸平放时对桌面的压强约为 0.5 Pa，成人双脚站立时对地面的压强约为 15 kPa，篮球内气体的压强约为 60 kPa，海平面附近大气的压强约为 101.3 kPa。

金属块给海绵一个向下的压力

如果长方形金属块是如上图所示竖着放的，海绵的形状变化比较大，压力的作用效果明显，压强较大。

为什么双肩包的肩带越宽越好？答案的关键就是压强。

简单来说，书包的肩带和肩膀的接触面积越大，可以产生的压强就越小，可以更好地分散重量，提高肩膀的舒适性。

生活中很多东西就像书包的肩带一样，面积要做得大一点。比如，滑雪运动员通常会穿宽大的滑雪板，这样就不会陷进雪里，滑行更稳定快速。当我们坐在硬板凳上时，喜欢垫上泡沫垫，这样就能增大屁股和板凳的接触面积，减小压强，坐得更舒服一点。

列车的铁轨铺上枕木，这样就能增大路基的受力面积，保护路基。

浮桥的桥面由许多浮桶组成，可以增大浮桥与水的接触面积，从而减小对水的压强，避免桥体下沉。

在我们生活中压强的作用可大着呢，上面的例子是要减小压强，有些时候，要想办法增大压强。

你家的菜刀、剪刀要磨得很薄才好用，不然切菜切不动，剪布剪不断。钉子得是尖头的，不然使再大的力气也钉不进木板里。缝衣针必须又尖又细，不然没法穿过厚实的布料。

陷入沼泽该如何自救？

要是你不小心陷入沼泽，千万不要挣扎，越挣扎陷得越深。要保持冷静，尽量放松身体，以免越陷越深。

观察一下周围的环境，寻找一些可以支撑身体的物品，比如树枝、背包或者塑料袋等放到身前。你要把尽可能多的身体重量分配到这些物品上，增大接触面积，避免体重过于集中在某一个部位，从而陷得更深。

轻轻扭动腿脚减少淤泥吸力，先拔出一只脚，再用双手作"桨"向后用力拔出另一条腿。避免站立，以匍匐姿势爬回安全区域。若有人同行，可等待抛绳或棍子救援，并及时报警。

以上方法不但适合沼泽，也适合陷入流沙和冰面进行自救。总的来说，沉着冷静，减小压强是最重要的。

减小压强：书包肩带设计得很宽、浮桥的设计。

增大压强：将菜刀、剪刀磨得锋利

2

水为什么能把水龙带撑圆？

　　小明和爸爸一起给菜地浇水。爸爸把水龙带一头接到自来水龙头上，另一头放进菜地。打开水龙头，没一会儿，水就从水龙带里汩汩流出，灌进了菜地里。

　　小明看到，开始的时候水龙带是扁的，打开水龙头后，水龙带就鼓胀起来了，变成了圆柱体。小明很不解，就问爸爸："爸爸，水是往前流的，为什么能把流经的水龙带撑圆呢？"

　　爸爸笑着说："问得很好！这跟液体的压强有关系，液体的压强和固体的压强有点不一样，我慢慢讲给你听。"

　　除了固体相互接触时会产生压强，液体和固体、液体和液体相互接触时，也会产生压强。

　　液体内的压力是向各个方向的，压力作用在接触面上就产生了压强。液体里面的压强到底有多大呢？别着急，玩个小游戏你就知道了。

　　（1）在瓶侧壁不同高度钻三个小孔，并用橡皮泥塞住。

　　（2）往瓶里装满水，放在水平桌面上。

　　（3）去掉橡皮泥，观察小孔喷水的现象。

观察小孔喷水

在游戏中，三个小孔的高度不同，对应的压强大小也不同，所以水柱喷射的远近也不同。最下面的孔压强最大，喷射距离最远，最上面的孔压强最小，喷射距离最近。

液体压强的大小可能与深度有关。由瓶子小孔的喷射现象可以得出结论，液体内部压强的大小具有这样的特点：在液体内部的同一深度，向各个方向的压强都相等；深度越大，压强越大。

如果在同一个高度的位置给瓶子扎几个孔，水柱喷射的情况会怎样呢？对于同一种液体来说，在相同高度处压强是相等的，所以，水柱喷射的情况是一样的。

除了与液体深度有关，液体压强还与液体的密度有关系。

接下来跟着我用微小压强计来探究一下压强和密度的关系吧。

微小压强计是一种测量液体压强的简易仪器，当探头上的橡皮膜受到压强时，微小压强计的U形管两边液面出现高度差；压强越大，液面的高度差也越大。

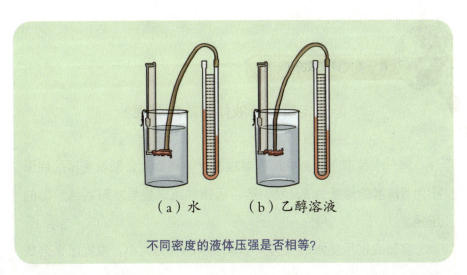

（a）水　　　（b）乙醇溶液

不同密度的液体压强是否相等？

在两个相同的玻璃容器中倒入等体积的水和乙醇溶液。水的密度为 $1\ g/cm^3$，乙醇的密度为 $0.79\ g/cm^3$，水的密度大于乙醇的密度。

用微小压强计测量它们在相同深度的压强，可以看到，测量水时U形管液面高度差比测量乙醇溶液的高度差大，说明在相同高度处水产生的压强比乙醇产生的压强要大。液体内部压强的大小还与液体的密度有关，在深度相同时，液体的密度越大，压强越大。

看一眼能背会的知识点

液体压强和什么因素有关？

实验表明，在液体内部向各个方向都有压强，同种液体在同一深度，向各个方向的压强大小相等，深度越深，压强越大；液体内部的压强大小还跟液体的密度有关，在同一深度，液体的密度越大，压强越大。

看一眼需要收藏的知识点

怎么定量计算液体内的压强呢?

将一个装有水的圆柱形容器放在水平桌面上，假设容器的底面积为 S，水的深度为 h，我们运用压强的定义推导水对容器底部的压强。

容器底部所受水的压力大小等于水的重力大小，根据压强公式有

$$p = \frac{F}{S} = \frac{mg}{S} = \frac{\rho Shg}{S} = \rho hg$$

在公式中，p 表示液体内部某处的压强，ρ 表示液体的密度，h 表示某处的深度，g 表示地球表面的重力加速度，取值为 9.8 N/kg，它表示质量为 1 kg 的物体，在地球表面受到的重力为 9.8 N。

为什么一般人不能在海水深度 100 m 以下的位置潜水呢？来，根据液体压强的计算公式，咱们简单算一下。

海水的密度 ρ 大约为 1030 kg/m³，g 为 9.8 N/kg，水下深度为 100 m，三个数据乘在一起，计算的压强结果大约是 1000000 N/m²。这是什么概念呢？就相当于一只 1 t 的大象压在一串葡萄上。我们人就像这串葡萄，根本承受不了这么大的压强！

马里亚纳海沟是已知的海洋的最深处，深 10909 m，此处的压强得有多大呢？利用液体压强的计算公式，可以算出沟底每平方米要承载超过 10000 N 的压力。不要说专业的潜水员了，就连普通潜水艇都

会被压扁！

但是，这个难题被我们中国的科学家打破了！2020年11月，我国科学家潜心研制的载人潜水器"奋斗者"号在马里亚纳海沟成功坐底，到达了10909 m最深处，打破了世界纪录！

为什么大坝要建得上窄下宽？

大坝都是上窄下宽，呈梯形，这样建的好处有：

（1）水流在通过大坝时产生一定的冲击力，对大坝的稳定性造成威胁。特别是在洪水季节，由于水流速度加快、流量增加，这种冲击力会更加明显。大坝建得上窄下宽，增大了与地面的接触面积，减小了地面所受的压强，这样大坝就不易下沉，不易出现裂缝，更坚实耐用。

（2）水的压强是随深度的增加而增大的，所以大坝下方厚点有利于加大大坝的强度，以承受更大的水的压力。这种压力会随着水位的高低而变化，当水位升高时，大坝所承受的压力也会随之增大。如果建造或者设计不够合理，就有可能被这种压力压垮。

总的来说，大坝的设计和建造需要考虑到多方面的因素，包括水的深度、压强以及大坝的结构和形状等。

看一眼
就懂的物理学常识

对于液体内部的压强，可以得出如下结论：

（1）液体内部各处都存在压强。

（2）在同种液体内部的同一深度处，液体向各个方向的压强都相等。

（3）同种液体内部的压强随深度的增加而增大。

（4）液体内部的压强跟液体的密度有关。

3

人是如何从茶壶嘴里喝到水的？

　　小明口干舌燥，放学回到家二话不说，端起茶壶对着自己嘴就喝了起来。大口喝下几口水后，小明用手捧着茶壶左看右看，问爸爸："爸爸，为什么水会从茶壶嘴流进我的嘴巴呢？"

　　爸爸说："用茶壶嘴吸水喝时，口腔通过吸气动作减少管内的空气，导致管内气压低于外界大气压，外界大气压将水压入茶壶嘴并进入口腔。"

　　小明恍然大悟："原来是这样啊！"

茶壶是一个连通器

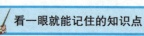
什么是连通器？

在茶壶盖上有一个小孔，使得茶壶里外相通，这样壶身和壶嘴底部相连通，上部开口，具有这种结构的容器叫连通器。

连通器中的液体有什么特点呢？

当连通器中只有一种液体时，各个容器中的液面是相平的。如果容器倾斜，则各容器中的液体就要开始流动，由液柱高的一端向液柱低的一端流动，直到各容器中的液面再次相平，才停止流动。

利用这个原理可以用来做茶壶、锅炉水位计、水塔、自来水管、船闸等。

一起来做个连通器吧！

用橡皮管将两根玻璃管连通起来，倒入适量的水，就是一个简单的连通器啦。

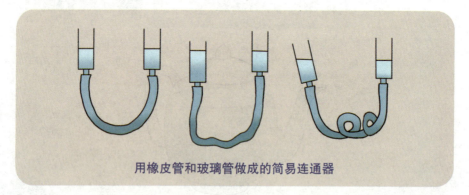

用橡皮管和玻璃管做成的简易连通器

无论升高、降低还是倾斜玻璃管，两个玻璃管内的液面高度总是保持相平。

　　将其中一根玻璃管高度固定，升高、降低或倾斜另一根玻璃管，可以看到，只要两根玻璃管中的液体高度不等，就要开始流动。水位高的液柱慢慢降低，水位低的液柱慢慢升高，最后两个玻璃管的液面高度总是保持相平。

　　为什么连通器的液面总是一样高呢？

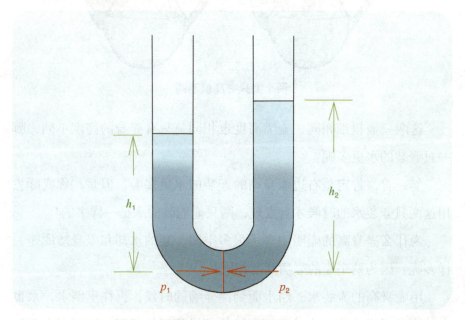

　　管中间点为研究对象，左、右两侧都受到来自液体的压力，同一位置左右两个面的面积相等，且处于静止状态，说明中间点受到的左侧管内液体向右的压强和右侧管内液体向左的压强相等，如图所示，即 $p_1 = p_2$。根据 $p = \rho_{液}gh$，由于 U 形管内装的是同一种液体，所以两侧液体的深度相同。

　　当两侧的液面高度相同时，两侧对底部的压强才会相等，才能保证液体静止，所以连通器两侧的液面总是一样高。

两个壶只有高度不同

　　这两只壶粗细相同，壶嘴高度也相同，只有壶身的高度不同，哪一只壶装的水更多呢？

　　乍一看，肯定是右边壶身高的壶装的水更多啦。但是，你实际去用这两只壶装水的时候才会发现，两只壶能装的水是一样多的！

　　为什么壶身高的壶明明多了很多空间，装的水却和壶身矮的壶一样多呢？因为两个壶的壶嘴高度相同！

　　用壶身高的壶装水，当水面到达壶嘴的时候，再往里倒水，水也会从壶嘴里溢出来。水的高度不可能超过壶嘴的高度，所以两个壶能装的水是一样多的。

　　在设计连通器的时候，相连的两个容器高度要合理，才能最大化实现功能，满足我们的要求。

看一眼需要收藏的知识点

小小连通器，作用大大的！

来看看生活中的例子。善于观察生活的你有没有发现，卫生间洗手池下方的下水管道不是直的，而是如图所示的弯曲形状，你知道为什么吗？

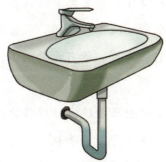

洗手池下面的连通器

做成直的，不但节省材料，而且还不容易堵，水流下去畅通无阻，难道装修师傅不懂这样的道理么？

当弯管中存水时，两侧液面高度一致，形成平衡；当排水时，水流打破平衡，液面高度差驱动水流排出，结束后再次恢复平衡。

洗手池下面的连通器里总是保留一定的水量，这样可以阻断下水道里的臭气上升进入室内，影响室内环境。

223

看一眼就能记住的知识点

液压千斤顶

　　液压千斤顶就是个"小个子大力士"，能够将较小的力量通过千百倍的放大，变成巨大的推力。千斤顶这个名字可以说名副其实，它可以顶起几千斤、几万斤，甚至更重的物体。

　　千斤顶的用途特别多。汽车换轮胎、灾害救援、修建地铁、挪移房屋等，都会看到它的身影。你可能要问了，为什么小小的千斤顶这么神奇？

　　它内部有一个小型的液压系统，可以将你施加的小力量通过液压的方式放大。当你压下千斤顶的手柄时，液体的压强就会增大，并传递到油腔中，从而产生巨大的推力。

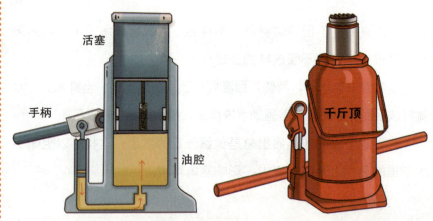

千斤顶的工作原理图和实物图

　　液压千斤顶的主要原理就是通过左右两个活塞把两个连通的容器

密封住，施加于左侧小活塞的压强可以通过液体传递给右边的大活塞，压强大小保持不变。根据压强的计算公式，压强等于单位面积上的压力，大活塞就可以产生一个与其表面面积成正比的力啦。因为右侧活塞的面积远大于左侧，所以右侧产生的压力也会远大于左侧。

在左侧小活塞的手柄上施加一个较小的力，通过压强的传递作用，就能在右边顶起一辆小轿车，这就是液压千斤顶能把力量成百上千倍放大的原因。

你知道吗？广州著名的文物保护单位锦纶会馆就在 9 台千斤顶的帮助下，以每分钟平移 7 cm 的速度，向北平移了 80.04 m，向西平移了 22.40 m，成为中国首例连同基础一起整体移位的砖木古建筑物。

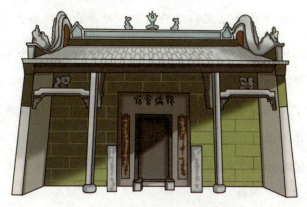

整体移位后的锦纶会馆

帕斯卡定律由法国科学家布莱兹·帕斯卡于 1653 年提出，是流体静力学的基础理论。其核心表述为：在密闭的不可压缩流体中，施加于流体某一点的压强变化，会大小不变地传递到流体的所有部分和容器壁。

帕斯卡定律的发现

帕斯卡设计了一项标志性实验：将长铁管垂直插入装满水的木桶，通过向管中注水，当水柱高度达数米时木桶破裂。此实验直观展现了密闭液体传递压强的特性，成为帕斯卡定律的雏形。

他通过连通器实验（如注射器与不同面积活塞的组合）发现：施加于小活塞的力通过液体传递至大活塞时，压强相等但力按面积比例放大。这一现象被归纳为"密闭液体中压强均匀传递"的定律。

帕斯卡结合虚功原理和实验数据，推导出压强公式 $p = \dfrac{F}{S}$，并证明密闭液体中任意点的压强变化会等值传递至整个系统。1653年完成《论液体的平衡和空气的重力》一书，系统阐述定律，书中明确提出了"帕斯卡定律"的核心表述。该定律迅速成为流体力学基石，并推动液压机等工业应用的发展。

为了纪念帕斯卡的伟大功绩，人们用他的名字来命名压强的单位"帕斯卡"，简称"帕"。

连通器

连通器的定义：上端开口、下端连通的容器。

帕斯卡定律：在密闭的不可压缩流体中，施加于流体某一点的压强变化，会大小不变地传递到流体的所有部分和容器壁。

4

怎么戳酸奶盖吸管不会弯？

爸爸给小明买了好喝的酸奶，小明很高兴，抽出一根吸管就往酸奶盒猛戳下去。可是来回戳了好几次，吸管都弯了，还是没戳进去。

小明嘟囔着："为什么戳不进去呢？"

"我来看看。"爸爸走到小明身边，拿过酸奶和吸管，噗嗤一下，吸管就把酸奶上面的那层塑料膜戳穿了。

"咦！爸爸，你为什么一次就戳成功了？"

"哈哈，看我的大拇指。"爸爸展示给小明看，"我用大拇指按住吸管顶端往下戳，吸管就会变结实，一下就把塑料膜穿透了。用这种方法，你还可以用吸管戳穿土豆和苹果哩！"

为什么用拇指按住吸管后，吸管就变结实了呢？这是因为大气压强在起作用！

看一眼能背会的知识点

空气中的压强

当你用拇指按住吸管的一端并快速刺向酸奶包装时，原本柔软的吸管会突然变得坚硬，轻松刺穿塑料膜。这一现象看似神奇，但其本质是密闭气体压强变化的体现。温度不变时，一定质量的气体体积减小，压强会增大，吸管被拇指和塑料膜两端封堵，内部空气无法逃逸，形成一个密闭系统。压缩空气对吸管壁施加向外的压强，形成"刚性支撑"，防止吸管弯曲塌陷，戳穿塑料膜也就成了轻而易举的事。

你可能会问，为什么压缩空气的压强更大呢？找个小针筒过来（拔掉针头，注意安全），我们做个小实验验证一下。

用左手拇指堵住针筒孔，再用右手按压针筒的芯杆，是不是感觉越往下按越吃力？这就是压缩空气带来的压强的作用。

看一眼就能记住的知识点

大气压强到底有多大？

地球的周围被厚厚的大气层包围。处在大气中的物体会受到来自大气的压强，这个压强叫作**大气压强**，简称大气压。

1643 年，意大利科学家托里拆利做了一个有趣的实验。他在一

229

根 80 cm 长的细玻璃管里灌满水银，然后开口向下倒放在盛有水银的容器里，发现水银下降了 4 cm 就不再下降了。这 4 cm 的空间里没有空气进入，是真空。大气压强神奇地托起了 76 cm 的水银，也就是说，大气压强跟 76 cm 高水银柱产生的压强相等。

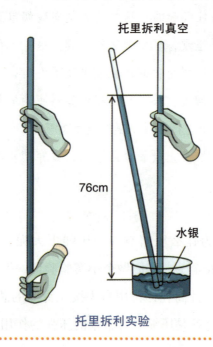

托里拆利实验

根据液体压强的计算公式 $p = \rho hg$，可以计算出 76 cm 高的水银柱产生的压强。

$$p = \rho_{水银}hg$$
$$= 13.6 \times 10^3 \, \text{kg/m}^3 \times 0.76 \, \text{m} \times 9.8 \, \text{N/kg}$$
$$= 1.013 \times 10^5 \, \text{Pa}$$

通常把这样大小的大气压强规定为标准大气压。在粗略计算中，标准大气压可以取 $1 \times 10^5 \, \text{Pa}$。这相当于有 10 N 的压力作用在 1 cm² 的面积上，比大象躺下后对地面的压强还要大。

大气压强的大小不是一成不变的，与海拔高度有关。在海平面附近，大气压强约为 101.3 kPa（千帕）。海拔越高，空气越稀薄，大气压强越小。

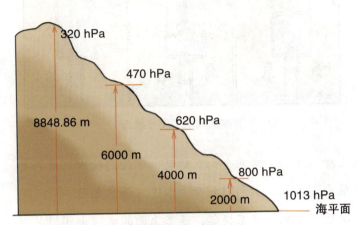

大气压强随海拔高度变化

知识岛

活塞式抽水机是怎么把水抽上来的？

活塞式抽水机也叫水泵，构造非常简单，可用于农田灌溉和生活用水。活塞式抽水机里的活塞和筒壁紧密接触，并可沿着筒壁上下滑动。活塞和筒底上各有一个只能向上开的阀门。

使用时压下手柄，活塞向上移动，上阀门受到大气压的作用关闭，因此活塞下面空气稀薄，气压小于外界的大气压。于是，低处的水受到大气压的作用推开下阀门进入筒内。

231

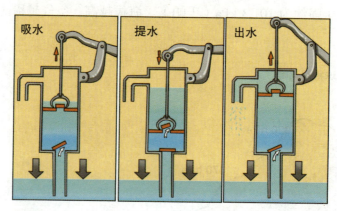

吸水　提水　出水

活塞式抽水机工作原理

　　向上提拉手柄，活塞会向下运动，下阀门被水压迫而关闭，水被阻不能向下流动，上阀门打开，水进入活塞上面。

　　再次压下手柄，活塞提起，活塞上面的水将上阀门关闭，水即从侧壁管中流出。与此同时，井里的水又在大气压的作用下推开下阀门进入圆筒中。这样，活塞不停地上下移动，水就从管口连续不断地流出来啦。

液体压强与大气压强

	液体压强	大气压强
定义	液体由于自身重力及流动性对容器底部、侧壁及内部产生的压强	在大气内部的各个位置都存在着压强
特点	与液体密度和深度有关	与海拔高度、天气、温度有关

5 为什么火车来了要站在黄色安全线外面？

"火车快进站了！请站到黄色安全线外面！"车站值班员边挥舞着旗子，边警告大家。

听到这话，小明和爸爸赶紧往后退了下。小明指着黄色安全线问爸爸："爸爸，为什么车站要画一条黄色线呀？"

爸爸认真地说："这可是一条生命线，要是你站到黄色线里面，火车来了的时候，你会被火车吸进去的。"

"啊！还会被火车吸进去？为什么呢？"

"因为伯努利原理呀！"

在火车的每个站台上都画有黄色安全线。当火车高速驶过来时，靠近车厢的空气会被带动而运动起来，车厢旁边的压强就减小了。如果站台上的人离车厢太近，身体前后就会出现明显的压强差，后面更大的压强产生的压力会把人往车厢上推，这会带来危险和伤害。

不光是火车，地铁、大货车或者大巴士开过来时，你也得离远一点，要不它们可能会像磁铁一样把你给吸过去。

这个现象跟流体有关系。什么是流体呢？在物理学中，像液体和气体这样没有一定的形状且有流动性的物质，统称为**流体**。

什么是伯努利原理？

早在 1738 年，瑞士物理学家伯努利就发现了流体压强与流速有关：流体流动时，流速大的地方压强小，流速小的地方压强大。这就是**伯努利原理**。

你家有吹风机吗？咱们拿吹风机做个小实验。

把白纸放在桌子边沿，找本书把白纸压住。把吹风机横放在桌子上，对着书和白纸吹风，你会发现本来下垂的纸突然飘起来了！

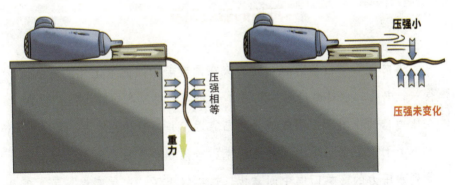

压强相等

重力

压强小

压强未变化

打开吹风机后白纸飘起来了

为什么白纸会飘起来呢？它受到的力来自哪里？在纸条上方水平吹气，纸条上方的气体快速流动，而纸条下方的气体几乎不动。纸条向上飘动，说明气体对纸条作用的合力方向向上，这表明纸条下方的

压强大于纸条上方的压强。

1912年的一天，一艘庞大的远洋轮船"奥林匹克"号正在大海上航行。在距离它不远处，有一艘比它小很多的英国海军铁甲舰"豪克"号也在快速行驶。

一开始两艘船相安无事，并排向前航行，甚至"奥林匹克"号上的乘客还兴奋地向远处的"豪克"号挥手致意。

突然，"豪克"号就像不受控制一样，扭转了行驶的方向，一头向"奥林匹克"号撞了过去。最后，"豪克"号把"奥林匹克"号的船舷撞出了一个大洞，酿成一起重大撞船事故。

实际上，"奥林匹克"号和"豪克"号之所以会相撞，正是伯努利效应的体现。

看一眼能背会的知识点

可怕的船吸现象

当两艘船平行向前航行时，夹在两艘船中间的水比外侧的水流得快，中间的水对船产生的压强小于外侧水对船产生的压强。于是，在压力差的作用下，两艘船会逐渐靠近，并最后撞在一起。

由于"豪克"号比"奥林匹克"号体积和质量小得多，更容易受到水压力的影响而向中间靠拢，最终撞上了"奥林匹克"号。现在航海上把这种现象称为"船吸现象"。

为了避免发生船吸现象，两艘船在航行时，要保持足够的安全距离，而且被超越的船要自动减速以增大两船之间的距离。

为什么到水流急的江河里去游泳是一件很危险的事？

江心的水流速度比岸附近的水流速度大。粗略计算，当人两侧的水流速度差达到 1 m/s 时，水流将产生近 300 N 的力，把人的身体向江心处推，就算是水性很好的人也不一定能全身而退。

帆船的行驶也利用了伯努利原理。因为船帆的形状被风吹成了弧形，帆的弧外侧压力小，内侧压力大，从而产生较大的压力差，这个力量比风直接把自己的动量传给船要大得多。通过调整船身和船帆的方向，帆船不但能顺风航行，还能逆风航行。

飞机为什么能飞上天？

飞机的机翼通常都做成上表面凸起、下表面平直的形状。当飞机在机场跑道上滑行时，这样的形状可以使空气在机翼的上下方流动的速度不同。机翼上方的气流速度较大，对机翼上表面的压强较小，下方的气流速度较小，对机翼下表面的压强较大。

机翼上、下表面就存在着压强差，因而有压力差，产生了升力。当飞机滑行的速度足够快时，机翼受到的升力超过了飞机的重力，飞机就起飞了。下次当你乘坐飞机时，不妨想一想，你正在享受伯努利原理的应用成果呢！

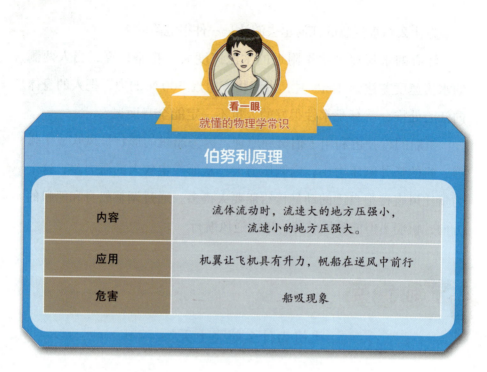

看一眼
就懂的物理学常识

伯努利原理

内容	流体流动时，流速大的地方压强小，流速小的地方压强大。
应用	机翼让飞机具有升力，帆船在逆风中前行
危害	船吸现象

第七章

电光石火，学习奇妙的电学

1

为什么用塑料梳子梳头会发出噼啪声？

早上起床后，小明走到镜子前，拿起塑料梳子开始梳理头发。梳了几下后，小明听到梳子发出轻微的噼啪声，觉得很奇怪，就问爸爸："爸爸，为什么梳子会发出声音呢？"

"哈哈！"爸爸笑着说，"梳子摩擦起电啦。"

 **看一眼就能记住的知识点**

摩擦起电是怎么回事？

在秋冬干燥的时候，用塑料梳子梳头时，梳子与头发是因为摩擦过的物体带了"电"，或者说带了电荷。当高压带电体与导体靠得很近时，会使它们之间的空气瞬间导电，形成电流。由于电流特别大，使空气发声、发光，产生电火花，这种放电现象叫火花放电。放电，就是使带电的物体不带电。放电并不是消灭了电荷，而是引起了电荷的转移，正负电荷互相抵消，使物体不显电性。干燥的冬天，身穿毛衣和化纤衣服长时间走路之后，由于摩擦，身体上会积累静电荷。这时如果手指靠近金属物品，手上会有针刺般的疼痛感。这就是由火花放电引起的。

摩擦起电会有什么现象呢？

把白纸撕成碎纸屑，放在桌子上。继续用塑料梳子梳头发，多梳一会儿。再把梳子拿到碎纸屑旁边，你会发现：梳子吸起了很多碎纸屑！

当你用梳子梳头发的时候，塑料梳子就带上了电荷。摩擦过的物体能够吸引轻小物体，我们就说它带了电，或者说带上了电荷。用摩擦的方式使物体带电，叫做摩擦起电。

自然界中只存在两种电荷，一种是正电荷，一种是负电荷。

摩擦过的梳子为什么会带电呢？这要说到组成物质的原子结构啦。

原子由原子核和电子组成。原子核带正电，电子带负电。通常情况下，原子是电中性的，由原子组成的物体也呈电中性的。

当梳子和头发互相摩擦时，组成头发的原子的原子核束缚电子的本领比较弱，它的一些电子就会转移到梳子上，从而让头发带上正电荷。而梳子因为得到了电子就带上了等量的负电荷。

这样的例子还有很多。在干燥的天气里，衣服很容易吸附灰尘；与头发摩擦过的塑料尺子能吸附起小纸屑；用塑料梳子梳头，头发会随着梳子飘起来；在晚上脱毛衣时，有时会发出响声，甚至出现火花……

如果你路过加油站，可能会看到一条很醒目的标语："严禁用塑料桶装汽油！"为什么呢？

装汽油的汽车在路上开时，汽油在塑料桶里来回翻滚摩擦产生静电。大量的电荷聚集在塑料桶上，可能产生电火花很容易发生爆炸。

看一眼需要收藏的知识点

日常生活中防静电

为了减少静电的危害，我们需要采取一些措施来消除或减少静电的产生。

对付静电，可以采取"防"和"放"两手。

"防"：尽量选用纯棉制品作为衣物和家居饰物的面料，尽量避免使用化纤地毯和以塑料为表面材料的家具，以防止摩擦起电。

"放"：就是要增加湿度，使局部的静电容易释放。当你关上电视，离开电脑以后，应该马上洗手洗脸，让皮肤表面上的静电荷在水中释放掉。在冬天，要尽量选用高保湿的化妆品，常用加湿器。有人喜欢在室内饲养观赏鱼和水仙花，这也是调节室内湿度的好方法。

秋冬季节如何避免被静电电到呢？

（1）可用手掌心握住钥匙之类的小金属器件碰触大门、水龙头、椅背等金属物件，消除静电后，再用手去触摸物件。也可以用手掌心触摸墙壁或者接地良好的物体放掉静电。

（2）出门前去洗个手，尽量穿全棉的衣服。

（3）勤洗澡，勤换衣服，能有效消除人体表面积聚的静电。

电视机屏幕画画

关掉电视机，用手指在电视机屏幕上画个简笔画，再用海绵蘸点面粉在屏幕前拍打。过一会儿，就会看到刚才手指画的简笔画啦。

是不是很奇怪，屏幕竟然会吸附面粉！其实这里面是有科学原理的。

关掉电视后，屏幕上还分布着大量的电荷。用手指在屏幕滑过后，触碰到的地方电荷通过人体传导至大地。在屏幕前拍打面粉，未被触碰的区域由于残留静电场会吸附带异种电荷的面粉颗粒，形成白色背景；而手指接触过的区域因电荷消失无法吸附面粉，从而显现出清晰的深色图案。

看一眼
就懂的物理学常识

摩擦起电

定义	用摩擦的方式使物体带电
原因	不同物质的原子核束缚电子的本领不同
实质	摩擦起电并不是创造了电荷，而是电荷从一个物体转移到了另一个物体。失去电子的带正电，得到电子的带负电
现象	塑料梳子梳头发出噼啪声，晚上脱毛衣会出现火花，化纤衣服总吸附灰尘

243

2

电的世界也有路？

晚上，小明打算写作业。他提着书包走到书桌前，像往常一样去按台灯的开关。台灯闪了一下，然后就灭了。小明又按了几下开关，台灯还是没有反应。

小明回头朝爸爸喊："爸爸，帮我看看，台灯突然不亮了，我要写作业哦！"

"好嘞！"爸爸拿着万用表走了过来，"我来看看是怎么回事。"

测试了一会儿，爸爸给出了结论，"灯管烧了，换个灯管就好了。"

小明惊讶地问："爸爸，你怎么知道灯管烧了？"

爸爸说："我用万用表测了一下，发现灯管的电阻很大，说明灯管里面的灯丝断了。电路断开了，灯管当然亮不了啦。"小明很吃惊："电路！电的世界里也有路？"

看一眼能背会的知识点

什么是电路？

电路就是用导线把电源、用电器、开关等元件连接起来组成的电流的路径。

要构成一个最基本的电路，应该有电源、导线、开关和用电器（比如灯泡）。缺少其中任何一个，电路都没办法工作。

给你一个电池、几根导线、一个小灯泡和一个开关，想一想，怎么连接才能让灯泡亮起来呢？

怎么连接才能让灯泡亮呢

把开关闭合上，如果灯泡能亮，就说明你的接线成功了，你连成了一个简单的电路！

物理学中将电池这类提供电能的装置叫做**电源**。开关控制着电流的通断。用电器将电能转化成光能和内能。

在小灯泡的电路中，闭合开关，形成通路，电路中有电流流过，小灯泡发光；断开开关，形成断路，电路中没有电流，小灯泡熄灭。

如果不经过用电器，用导线直接将电源的两极相连，电路中会有很大的电流，就会形成短路，损坏电源。

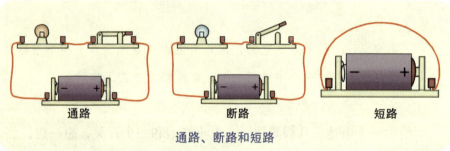

通路　　　　　断路　　　　　短路

通路、断路和短路

知 识 岛

动手做西红柿电池

西红柿不仅可以吃，还可以做成电池呢！是不是很神奇，来跟着我做做看吧。

请准备一个锌片、一个铜片、一只小灯泡、一个圆溜溜的大西红柿，还有两根短铜丝。

在西红柿两端分别插进锌片和铜片，再将两根铜丝分别拧在锌片和铜片上，另一端与小灯泡相连，你会发现，小灯泡亮了！这个西红柿电池就做好了。

锌片 铜片

西红柿电池

小灯泡为什么会亮呢？

因为西红柿里有丰富的汁液，这些汁液呈酸性。金属铜和锌受到酸的作用后，锌片会失去电子带上正电，铜片会得到电子带上负电。当电子由铜片流向锌片时，电路上就产生了电流，所以小灯泡亮了。

除了西红柿之外，还有很多蔬菜和水果都可以制作电池，爱动手的你快来试试吧。

看一眼
就懂的物理学常识

电路的定义：用导线把电源、用电器、开关等元件连接起来组成的电流的路径。

3

解密电学三兄弟

暑假里，爸爸带小明到贵州黄果树瀑布玩。黄果树瀑布犹如一条宽阔的白练从天上挂下来，气势磅礴，飞珠溅玉。小明高兴地一直欢呼："太壮观了，太壮观了！"

在回程的路上，小明好奇地问爸爸："爸爸，黄果树瀑布多高呀？"

爸爸说："黄果树瀑布有七八十米那么高呢，你看下面的水流多么湍急呀！"

"哦，瀑布越高，水流就越急吗？"

"对呀，瀑布越高，说明水位差越大，当然水流就越急了。你不是正在学习'电'吗？这和电位差与电流的关系是一样的！"

要想让水流动，必须使上下两端水位的高度不同。水位差产生了水压，此时水压是形成水流的原因，抽水机则是保持水压的装置。与抽水机相似，电源就是把从电源正极经导线和用电器流向电源负极的电荷再从电源内部移到电源正极，从而在电路两端保持一定的电压，这样就能形成持续的电流。

电压是形成电流的原因，能推动电荷定向流动。在电路中，电压通常用字母 U 表示，单位为伏特，简称伏，符号是 V。

电压这个物理量广泛用于我们的日常生活中。

电池上标着电压值。通常碱性电池电压为 1.5 V，笔记本USB接口电压约为 5 V，干燥情况下安全电压不高于 36 V，生活用电为 220 V 交流电。

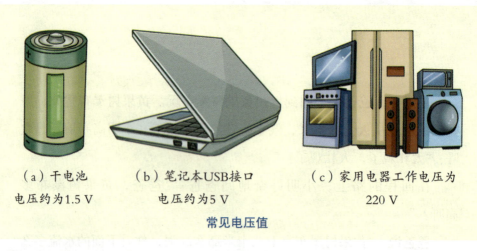

（a）干电池
电压约为1.5 V

（b）笔记本USB接口
电压约为5 V

（c）家用电器工作电压为
220 V

常见电压值

在电压这个老大哥的作用下，电荷产生定向移动形成电流，电流就是电学三兄弟中的老二了。

在电路中，由于电源的作用可使自由电荷定向移动，这种自由电荷的定向移动就形成了**电流**。电流流过用电器时做功就会把电源的电能转化为其他形式的能。

电流通常用字母 I 表示，单位为安培，简称安，符号是 A。电流的方向规定为正电荷定向运动的方向，也就是电子定向运动的反方向。

在由大量金属原子组成的金属中，原子中离原子核最远的一些电子可以摆脱原子核的束缚，在整个金属中自由移动，这类电子叫作自由电子。铜丝能导电，靠的就是自由电子。

电流就像一把"双刃剑"，我们既要利用好这把剑，又要安全地用好电。

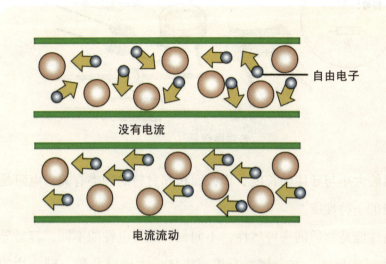

自由电子

没有电流

电流流动

电子的定向运动形成电流

在电子设备和系统中，电流被用来传递信息、驱动设备运转。例如，电流可以用来传递信号、驱动机械运动、产生光和热等。

然而，电流也可能带来危险。大电流可能导致火灾、电击和电磁干扰等问题，还可能会造成严重的人员伤亡和财产损失。因此，需要采取安全措施来防止电流的危害。

河道里总会有石头或挡板阻碍水的流动，同样的道理，电路里也存在阻碍电流的物质，称为电阻。

观察电器中的电路板，你会看到形似圆柱体的小元件，身上带着一圈圈的纹路，这些就是电阻器。

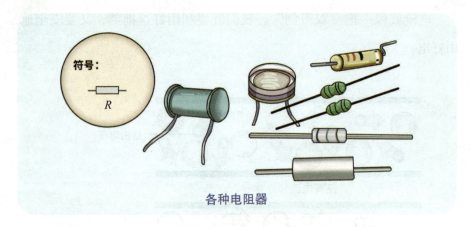

各种电阻器

电阻的大小与导体的长度、横截面积和材料的种类有关。电阻是导体本身的一种性质。

导电性能是物质的一种属性，不同材料的导电性能不同，容易导电的物体叫作导体，如金属、石墨、人体、大地以及酸、碱、盐的水溶液等；不容易导电的物体叫作绝缘体，如橡胶、玻璃、陶瓷、塑料、油等。

实验表明，导体和绝缘体之间并没有绝对的界限。原来不导电的物体，当条件改变时，也有可能变成导体。

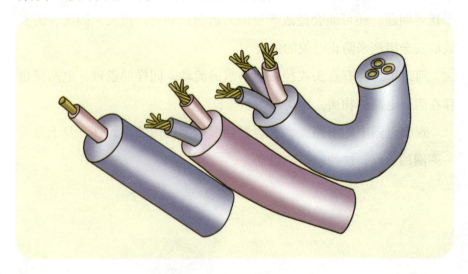

观察电线，哪部分是导体，哪部分是绝缘体？

电阻通常用字母 R 表示，它的国际单位是欧姆，简称欧，符号为 Ω。这是为了表彰物理学家欧姆对电学的贡献而命名的。

看一眼能背会的知识点

欧姆定律

欧姆通过大量实验发现：导体中的电流，跟导体两端的电压成正比，与导体的电阻成反比。这个关系被称为**欧姆定律**，表示如下：

$$I = \frac{U}{R}$$

欧姆定律是电路中的一条重要定律，在解决实际问题时有着广泛应用。对于任意一段电路，只要知道电流、电压和电阻三兄弟中的两个，就可以用欧姆定律算出第三个。

通过了解欧姆定律，我们可以更好地理解电学原理，从而更好地使用和维护各种用电设备。

看一眼
就懂的物理学常识

电阻的定义：示导体对电流阻碍作用的大小。

电流的定义：在电路中，由于电源的作用可使自由电荷定向移动，这种自由电荷的定向移动就形成了电流。

欧姆定律：导体中的电流，与导体两端的电压成正比，与导体的电阻成反比。

4

如何区分火线和零线？

爸爸买了一支测电笔。一天，小明看着墙上的插座，来了兴致，就拿来测电笔打算伸进插孔里测一下。

"慢着，先别测！"爸爸伸出手拦住了小明。

小明睁大眼睛，忙问："为什么？"

爸爸说："使用测电笔时，要将测电笔的绝缘部分夹在拇指与中指、无名指、小指之间，用食指触碰顶端的金属，千万别摸测电笔前端的金属，否则可能会造成触电事故！"

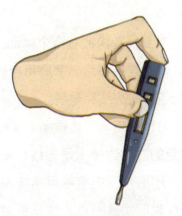

测电笔手握方式

"好的，爸爸，我知道了。"小明说完就操作起来。

"嗯，以后用测电笔的时候必须有我在旁边，时刻都要注意用电安全！"爸爸又嘱咐了一句。

小明握住测电笔，把测电笔分别插进插座的两个孔里，发现左边的孔是灭的，右边的孔是亮的，这是怎么回事呢？

氖管发光的孔里是火线，不亮的那个孔里是零线。

火线和零线的区别在于它们的对地电压不同。火线的对地电压为220 V，零线的对地电压为 0 V。火线和零线跨接在家用电器上，产生电流，家用电器就开始工作了。

看一眼需要收藏的知识点

火线和零线的区分方法

一般在接线的时候，火线和零线会采用不同颜色的电线。火线用红色电线，零线用蓝色或黑色电线。观察电线的颜色就能区分出哪根是火线，哪根是零线。

把插座拆开，会看到插孔内部有两个标记：一个是 L，表示连接火线，一个是 N，表示连接零线。家庭用电是 220 V 交流电，也叫单相电，两根线分别就是火线和零线。

为了统一规格，方便使用，双孔插座（又称为双线插座）里每个孔的接线都是固定的。左边那根是零线，右边那根是火线，简称为"左零右火"。小明用测电笔测得插座左边的孔是灭的，右边的孔是亮的，正好说明了这一点。这是针对双孔插座而言的，但实际操作中需结合测电笔验证、注意安装方向，并严格遵循断电操作规范。对于非专业人员，建议联系持证电工进行线路检测与安装。

还有一种插座是三孔插座，也称为三线插座。中间那个孔接地线，另外两个孔，接线顺序仍然是"左零右火"。地线和用电设备的金属外壳相连，可以及时地将因各种原因产生的不安全电荷或者漏电电流导出线路。

地线是用电设备正常工作的首要前提，来不得半点马虎。家用用电设备由于绝缘性能不好或使用环境潮湿，会导致其外壳带有一定静电，严重时会发生触电事故。为了避免出现事故，可在电器的金属外壳上面连接一根电线，将电线的另一端接入大地。一旦电器发生漏电时，接地线会把静电引入大地释放掉。

别把零线当成地线哦。要是把零线和地线接到一起，火线在和零线形成回路的同时，也和家用电器的金属外壳形成了回路，外壳就带电了，触碰了外壳就会发生触电事故。

很多带金属外壳的家用电器需要连接地线，所以要采用三线插头，将三线插头插入三线插座里。

 看一眼就能记住的知识点

高压线

家用电压是 220 V 交流电，而大部分远距离输电传输的是几万伏，甚至几十万伏高压电，这些高压输电线称为高压线。

高压线比普通的电线粗多了。它由多股绞线拧成，中间是钢线，钢线周围是铝线。

高压线中心是机械强度大的钢线，可以增大高压线的机械强度，使得高压线不容易断裂；周围一圈是铝线，因为铝的导电性很好，而且密度小，这样高压线就不会太重。

高压线外面没有包上任何绝缘保护层，这是为什么呢？难道高压线不需要绝缘吗？

其实，空气是最好的绝缘材料。这些高压线架在高高的钢塔或者混凝土杆塔上，以空气作为绝缘介质，让它与人类保持特定的距离。这种成本低、效果好的方式，在业界被称为"空气绝缘"。

另外，在每根电线和塔杆之间，都会有绝缘子，每个绝缘子可以承受一定的电压。输电电压为十万伏时，一般需要把七八个绝缘子组成串，如果输电电压更高，就要串更多的绝缘子。

高压线的绝缘子是一种特殊的绝缘材料，可以实现电气绝缘和机械固定的效果，通常用玻璃和陶瓷制成。

为什么野外高压线不埋在地下呢?

　　野外高压线一般都高高地架起来，不会埋在地下，主要原因是安全和成本。

　　如果埋在地下，要传输几千公里的距离，安全性无法保证。因为电压高达数万伏，一旦地下绝缘层性能不好，马上就会发生漏电事故，而且无法提前知道。

　　再者，把高压线架在空中，可以用空气作为绝缘介质，成本比较低。埋到地下就要铺设很厚的绝缘层，需要大规模的地下工程。修建这样的地下工程，不仅仅要攻克很多技术层面的挑战，还要解决城市规划和土地使用的各种问题，复杂度是难以想象的。

　　另外，地下维修和维护比高架电线更加困难，一旦发生故障需要大量人力、物力和财力投入，也就意味着整个系统的可靠性很低。

火线和零线的区别

电线颜色	红色线一般为火线，蓝色线或黑色线一般为零线
测电笔测	测电笔会亮的是火线，不亮的是零线
字母表示	标注字母 L 代表火线，标注字母 N 代表零线
插座位置	左零右火

5

怎样安全用电?

　　小明吃完晚饭，洗了个手，就走到电视机旁拿着插头往插座孔里插。爸爸看到后，立刻说："停下，危险！"

　　小明不解，放下插头问爸爸："为什么？"

　　"因为水能导电。用湿手插插头或按开关，容易被电击伤，发生触电事故。"

　　爸爸走过来，继续说："你看我是怎么插插头的。"

　　爸爸用纸巾把插头上的水擦干，把左手背在身后，右手拿起插头，摁住电源插头的绝缘部分，对着插座啪的一声就插进去了。

　　小明又问："拔插头的时候可以直接拽电线吗？"

　　爸爸说："拔电源插头时，不能直接拽电线。应该用手握紧电源插头的绝缘部分拔出来，以免发生触电。"

看一眼就能记住的知识点

多大的电流才会带来触电事故呢?

一般来说,流过人体的电流越强就越危险。通过人体的电流不超过 10 mA 时,会有麻或者痛的感觉;当电流超过 30 mA 时,人的神经发生麻痹,肌肉剧烈收缩,呼吸困难,自己无法摆脱电源,如果没有人相救,就有生命危险;当电流达到 100 mA 时,在极短时间内,人的心脏就会停止跳动,造成死亡。

人体对电流反应一览表

100~200 μA	对人体无害反而能治病
1 mA 左右	引起麻的感觉
不超过 10 mA 时	人尚可摆脱电源
超过 30 mA 时	感到剧痛,神经麻痹,呼吸困难,有生命危险
达到 100 mA 时	很短时间使人心跳停止

电流通过人体的路径,以心脏、中枢神经、呼吸系统最为危险。插插头或按电器开关最好用右手,因为人的心脏偏于左侧。

你可能要问,触电事故和电压有关系吗?

这个就不好说了。因为流过身体的电流不光和电压大小有关,还与人身体的电阻有关系。在电压相同的情况下,皮肤湿,电阻就小,电流就大。

经过大量的实践证明,不高于 36 V 的电压一般对人体是安全的,所以，就把 36 V 定义为安全电压。家庭用电电压是 220 V 交流电，远远高于 36 V，一定要注意用电安全！

常见的人体触电的形式一般分为直接接触触电和间接接触触电。**直接接触触电**是指人体直接接触到带电体或者是人体过分地接近带电体而发生的触电现象。常见的直接接触触电有单相触电和两相触电。

当人体某个部位直接碰触带电设备或者带电导线时，如果导线绝缘破损，电流会通过人体流入大地，这种触电方式称为单相触电。单相触电人体所承受的电压是相电压，如图所示。在低压供电系统中发生单相触电，人体所承受的电压几乎就是电源的相电压 220 V。远高于 36 V 的安全电压。

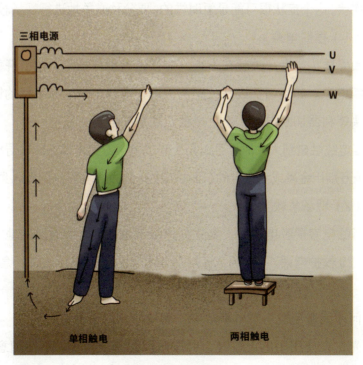

两种常见的触电方式

当人体同时接触电气设备或线路中的两相导体而发生的触电现象称为**两相触电**，如图所示。在低压供电系统中，若人体触及一相火线、一相零线，人体承受的电压为 220 V；若人体触及两根火线，则人体承受的电压为线电压 380 V。因此，相对于单相触电来说，两相触电人体所承受的电压更高，因此危险性更大。

看一眼需要收藏的知识点

发生触电事故要怎么办？

人在触电之后，往往会出现神经麻痹、呼吸中断、心脏停止跳动等症状。这个症状很可能是暂时性的，要分秒必争地进行现场救助。

（1）摆脱电源

如果插头或者开关就在附近，应该迅速拔掉插头，拉下开关，以切断电源。如果插头或开关距离很远，可以用带绝缘手柄的钳子或斧头等利器切断电线。这个过程要注意安全。

当电线触碰到人体时，可以用干燥的竹竿或者木棒快速将导线挑开。千万别用金属或者潮湿的东西挑电线，也别把电线挑到他人身上。

（2）现场急救

当触电者摆脱电源后，要立刻把触电者抱到干燥通风的地方，拨打 120 救护电话，并采用人工呼吸法和胸外心脏按压法进行急救。

如何才能避免发生触电事故呢？需要注意以下两点：

首先，在使用用电设备时，要按照规程安全操作，不要随意触摸裸露的电线、插头等部位，不要随意插拔或更换电线等部件。

其次，要定期检查和维护用电设备，发现故障或损坏要及时维修或更换。在使用电器时，不要将水、食物等物品放在用电设备周围，以免引起触电事故。

总之，我们应该遵守安全用电的基本原则，避免触电事故的发生。

看一眼
就懂的物理学常识

安全用电

触电方式	单相触电、两相触电
预防触电	安全操作用电设备， 不随意触摸插拔电线， 定期检查和维护电器， 电器周围保持干净干燥。
触电急救	摆脱电源、现场急救

附录 1　探索物理基础现象

顺风时声音的速度会不会变快？

大家都有过在大风天出行的经历吧。如果风吹的方向和我们前行的方向一致，就像有人在背后推着走，让我们走路又快又轻松。那么如果风吹的方向和我们说话的方向一致，声音的传播速度也会变快吗？

在无风环境中，声音在空气中的传播速度相对恒定，约为 340 m/s（15℃）。这个速度和温度、湿度和压强等都有一定关系。顺风的风速一般为每秒几米，对声音的传播速度确实有影响，因为声音传播时阻力小、能量消耗少，声音会传播得更远。

顺风的声速 = 无风的声速 + 风速

声音在传播过程中会逐渐衰减，距离越远，声音越小。在顺风时，空气流动的速度加快，声音传播受到的阻力小，能量消耗少，顺风时我们能够听到更远的声音。

《劝学》中说"顺风而呼，声非加疾也，而闻者彰"，意思就是顺风呼喊，可以让更远的人听到。"顺风耳"的说法，也源于人们对这一现象的直观认知。

此外，顺风时声波的传播路径会因风速叠加而更顺畅，使得声音听起来更清晰、洪亮。但需注意，若风速过高（如狂风、飓风），空气流动产生的湍流会扰乱声波的传播，导致声音因折射和散射而变得模糊不清。

总之，顺风会通过叠加风速加快声音的传播速度，延长传播距离，并影响音质和音量。下次需要呼喊远处的同学时，不妨站在顺风口，或许能让声音传得更远！

看一眼需要收藏的知识点

为什么逆风听不清？

声音源于物体的机械振动，其传播依赖于介质。在日常生活中，空气是最常见的传声介质。当声源振动时，会带动周围空气分子产生疏密相间的波动（即声波），并通过分子的振动依次传递。而在逆风环境中，空气的宏观流动方向与声波的传播方向相反，这会导致声波的传播受到干扰——空气分子的定向流动削弱了声波的能量传递效率，部分声波能量因与风向相互作用而衰减，最终抵达人耳的声压级降低，从而使人感觉声音模糊不清。为改善这一现象，可采取以下措施：

（1）优化声学设备的接收性能。例如，选用具备防风设计的耳罩、耳机或扬声器，这类设备通过特殊结构（如防风栅、滤波电

路等）减少风噪对声波接收的干扰，提升声音的清晰度。

（2）改善声波传播环境。具体可通过移除发声者与接收者之间的障碍物（减少声波衍射损耗）、转移至室内封闭空间或寻找避风区域，降低空气流动对声波传播的阻碍作用。

在充满物理规律的世界中，逆风时的听辨困难并非听觉系统的缺陷，而是空气动力学与声学现象共同作用的客观结果。

声控喷泉

声控喷泉是一类应用于公共场所的声学－流体力学耦合娱乐装置，其核心原理是基于声学信号实现喷泉高度的动态调控。当声源（如人群发声）产生声波时，布置于喷泉周边的声传感器（如麦克风阵列）会拾取声波信号，并将其转换为电信号传输至控制系统。控制系统中的信号处理单元会对电信号进行实时分析，重点提取声压级（即声音强度）的量化参数。根据声压级的数值大小，控制系统通过伺服电路驱动水泵的功率调节装置，使喷出的水柱高度与声强呈现正相关响应——声强越大，水柱高度越高；反之则越低。若输入信号为音乐波形，系统可通过频谱分析追踪声波的频率与振幅变化，进而控制水柱随音乐节奏产生周期性的起伏跳动。

重量和质量是一回事吗？

质量是伴随人一生的物理量——日常购买米面油盐都需称量，且测出来的数据单位为 kg，与物理学中质量的单位一致。

那么，生活中常说的"重量"与物理学中的"质量"是同一概念吗？

在日常生活语境中，"重量"与"质量"常被混用。例如，我们会说"小明的体重为 50 kg""土豆的重量是 5 kg"，实际上这里描述的是物体的质量——即小明的质量为 50 kg，土豆的质量为 5 kg。

使用电子称测量土豆的质量，得到 5 kg 的结果；换用弹簧秤测量时，读数仍为 5 kg。由于生活中习惯以 kg 作为"重量"的计量单位，人们很少直接使用"质量为 5 kg"的表述，而是沿用"土豆重 5 kg"或"土豆的重量为 5 kg"的说法。

从上述现象看，质量与重量似乎具有一致性，但从物理学角度而言，二者存在本质区别！

日常生活中所提及的"重量"并非严格的物理学概念，其本质仍是物体的质量。当人们以 kg 为单位描述"重量"时，实际表达的是物体的质量属性。

那么，物理学中的质量与重量究竟有何差异？

看一眼需要收藏的知识点

物理学中的重量

物理学中的重量指的是重力。地球上的一切物体，都受地球吸引力的作用。这种由于地球的吸引而使物体受到的力叫作重力。单位是牛顿，简称牛，符号用 N 表示。

由大量实验数据表明：

物体所受重力的大小与它的质量成正比，其比值是定值，约等于 9.8 N/kg。

若用 G 表示重力，m 表示质量，g 表示重力与质量之比，则地球附近物体所受重力的大小与其质量的关系可用如下式子表示：

$$\frac{G}{m} = g \text{ 或 } G = mg$$

同一个物体在不同的地方重量会变来变去，但是质量一点儿也不变。

比如同一个物体在赤道和南北两极的重量就不一样。地球不是一个正球体，而是一个两极稍扁、赤道略鼓的扁球体，赤道直径比南北极多十多公里，由天体学相关知识可知赤道附近的向心力大，相对而言，物体在南北两极点上的向心力为零，根据矢量运算法则，物体在南北两级点的重力也就大一些。

1 kg 的黄金在南北极的重量为 9.83 N，在赤道的重量为 9.78 N，差了 0.05 N，换算成质量大约为 5 g，所以黄金在南北极比在赤道更值钱！

由于月球引力大约只有地球引力的，1 kg 土豆放到月球上，用弹簧秤一称竟然不到 0.2 kg。不过，如果 1 kg 土豆到了木星，重量就会突然变成 2.5 kg！因为木星的引力是地球的 2.5 倍。其实，不是质量变了，而是重量变了。

看一眼就能记住的知识点

重量可以变，但质量不会变

弹簧秤刻度盘上虽然标的是质量，但它不能直接测量质量。它需要先测量物体的重量，再根据结果推算出物体所受重力。可见，弹簧秤测量质量只适用于地球表面！在其他星球，物体的重量就会发生变化，弹簧秤的读数就不准啦。

天平的独特优势在于其测量结果与重力场无关。其原理是通过平衡物体与砝码的质量而非物体所受重力：无论重力如何变化，物体与砝码的质量始终相等。

看一眼
就懂的物理学常识

		质 量	重 力
区别	概念	物体所含物质的多少	由于地球的吸引而使物体受到的力
	性质	只有大小，没有方向	既有大小，又有方向
	单位	千克（kg）	牛顿（N）
	与位置的关系	与物体所处的位置无关	随物体位置的变化而变化
	联系	G = mg	

压强具有神奇的应用

在选购书包时，人们通常会优先选择肩带较宽的款式。若肩带过窄，书包对肩膀的压力会集中在较小的接触面积上，导致局部压强过大，从而产生类似绳索勒紧的疼痛感。而较宽的肩带能够增大与肩膀的受力面积，在压力（即书包重力）一定的情况下，根据压强公式 $p = \dfrac{F}{S}$，受力面积 S 增大可使压强 p 减小，因此肩膀会感觉更舒适，如同被柔软的支撑物承托。

在选择剪刀时，人们往往会挑选刃口光滑无毛刺且锋利的产品。剪刀刃口越锋利，其与物体的接触面积越小。根据压强的定义，当施加相同压力 F 时，受力面积 S 减小会导致压强 p 增大。当作用于物体的压强超过其材料的抗压强度时，就能顺利剪断物体。

压强原理还可用于顶起沉重的物体。在液压千斤顶的小活塞上施加较小的作用力，通过密闭液体中压强的传递（即帕斯卡原理），便能在大活塞端顶起小轿车等重物。

气压的变化是天气预报的重要依据。在同一水平面上，若气压分布存在差异，水平气压梯度力会促使空气从高气压区向低气压区流动。因此，高气压中心的空气会在水平方向向四周辐散，导致高气压区上空的空气产生下沉运动。

由于大气压强随海拔高度的增加而减小，当高空空气下沉时，其所处环境的气压逐渐增大，空气因绝热压缩而体积减小、温度升高。根据理想气体状态方程，温度升高使空气的饱和水汽压增大，原有的水汽凝结物（如水滴、冰晶）会因蒸发而消散，故高气压中心区域通常为晴朗天气。

反之，低气压中心的空气在水平方向上由四周向中心辐合，迫使中心空气产生上升运动。上升气流因周围气压减小而发生绝热膨胀，温度随之降低。当温度降至露点以下时，空气中的水汽便会凝结为水滴或冰晶，形成云雨现象，因此低气压中心多伴随阴雨天气。正是由于气压变化与大气垂直运动、水汽相变的密切关联，通过实时监测气压数据及其变化趋势，即可对天气演变做出科学预测。

附录2　揭秘现代电学奥秘

为什么家用电器要插电才能用?

　　小明洗完头后,便请爸爸帮他吹干头发。爸爸弯腰从橱柜中取出电吹风,插入电源插座后按下开关,一股温热的气流随即从出风口喷出。爸爸坐在小明身后,一只手梳理着他的头发,另一只手握着电吹风对准发丝吹拂,不久便将头发吹干。小明好奇地问:"爸爸,为什么电吹风插电才能用呀?"

　　爸爸解释道:"因为电吹风内部装有电动机,通电后电动机的线圈在磁场中受力转动,驱动风扇叶片旋转从而产生气流。同时,其发热元件通常由镍铬合金电阻丝构成,当电流通过时,根据焦耳定律 $Q = I^2Rt$,电流的热效应会使电阻丝发热,热量与气流混合后吹出,实现干发功能。"

　　家用电器本质上是将电能转化为其他形式能的装置,它们通过电磁感应、电流热效应等物理过程与电子元器件、机械系统相互作用，实现照明、加热、制冷、驱动等功能。电能作为现代能源体系的核心，具有传输效率高、能量转换便捷、便于控制等物理特性。

看一眼需要收藏的知识点

电是贯穿现代生活的基础物理现象，其存在既抽象又具象。当闭合电路开关时，灯泡发光；按下电器按钮时，设备启动 —— 这些日常场景的背后，都是电的宏观表现。电如同驱动现代文明的无形动力，在微观与宏观世界中构建起能量转换的桥梁。

"电"是一个涵盖多维度物理概念的术语：

电荷是物质的基本属性，分为正电荷与负电荷，如摩擦起电现象中转移的电子即携带负电荷；

电流指电荷的定向移动，当导体两端存在电势差时，自由电荷在电场力作用下形成电流；

电场是电荷周围存在的特殊物质，其强度由电荷分布决定，体现为对带电体的作用力。

电荷的基本特性遵循库仑定律：同种电荷相互排斥，异种电荷相互吸引。电的存在形式兼具自然属性与能量属性 —— 闪电是大气中电荷积累到临界值的放电现象，而电能则是通过电流做功实现的能量形式，可转化为光能、热能等其他形式的能。尽管无法通过感官直接观测电荷或电场，但可通过电现象感知其物理本质：电流的热效应使电炉发热，电场力作用使带电小球偏移，这些宏观现象均为电的微观机制提供了观测证据。

自然界中存在丰富的电现象，如静电感应、大气雷电等，但这些电现象多以瞬时或非稳定形式存在，通常无法直接转化为可供利用的电能。人类生产生活所需的电能，需通过火力发电、水力发电、风力发电、核能发电等能量转换装置，将煤炭、水能、风能、核能等一次能源转化而来，因此电能属于典型的二次能源。

在现代社会中，电能作为能量传输与转换的核心载体，广泛应用于通信设备、取暖系统、照明设施、电动交通工具等领域，成为支撑社会运转的基础性能源。从家庭电器到工业生产线，电能的应用已深度融入社会肌理，成为现代文明不可或缺的物质基础。唯有系统学习电学知识，深入理解电的物理本质，规范掌握用电技能，才能充分发挥电能的能量转换优势，在保障用电安全的前提下，实现电能利用效率的最大化，让这一重要的二次能源持续为人类社会发展赋能。

自古以来，闪电便激发着人类的科学探索欲。千百年来，人们不断思考：这股强大的自然力量能否被人类驾驭，为社会发展所用？

直至两百年前，本杰明·富兰克林在雷雨中完成了著名的风筝实验，首次证实闪电是大气中的电荷放电现象。这一发现揭开了电作为能源应用的序幕，推动其逐步融入人类日常生活。在一个雷电交加的夜晚，富兰克林与儿子在教堂附近进行实验。他们手持系有金属钥匙的风筝线，仰望天空等待科学观测时机。当一道闪电划破云层时，富兰克林观察到风筝线与丝绸交界处的铜钥匙产生火花，并伴随微弱噼啪声 —— 这表明闪电使钥匙带上了电荷，验证了闪电的静电本质。该实验通过尖端放电现象，首次将自然雷电与人工电荷建立关联，被称为物理学史上经典的"风筝实验"。

你知道电是从哪里来的吗？这要从微观的角度来说啦。

　　物质的微观构成是理解电现象的基础。自然界中绝大多数物质由分子组成，分子直径约为 10^{-10}（即 0.1 nm）。分子可进一步分解为原子，而原子由原子核与核外电子构成：

　　原子核由带正电的质子与电中性的中子组成，集中了原子的几乎全部质量；电子是带负电的基本粒子，在原子核外按量子化能级轨道运动，其运动轨迹形成电子云。

　　原子核与电子间通过电磁力相互作用：带正电的原子核凭借库仑引力束缚带负电的电子，这种作用力是化学键形成的物理基础。以金属铜为例，每个铜原子含 29 个电子，其原子核带 29 个单位正电荷。由于金属原子对最外层电子的束缚力较弱，这些电子在未受外电场作用时做无规则热运动，而当导体两端存在电势差时，电子在电场力驱动下定向移动形成电流。

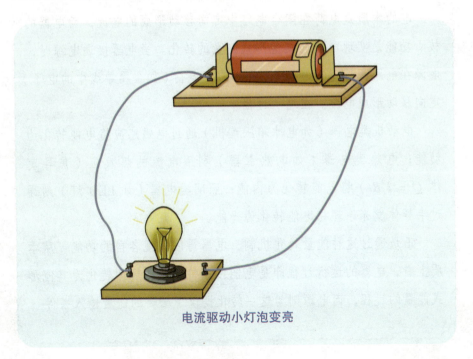

电流驱动小灯泡变亮

以简单电路为例：当铜导线、小灯泡与电池构成闭合回路时，电池两极的电势差在导线内产生电场，促使铜丝中的自由电子定向移动。电流流经小灯泡时，灯丝电阻因电流的热效应发热至白炽状态，从而实现电能到光能的转化。

 看一眼能背会的知识点

为何电器必须接通电源？

家庭中的电视、电冰箱、电灯等电器设备，如同工业系统中的能量转换器，需要持续的能量输入才能工作。这种能量的载体便是电能——一种通过电荷定向移动传输的物理能量形式。

电的本质是电荷在闭合电路中定向移动形成的电流，而电器的核心功能是实现电能向其他形式能量的转化。当电器接通电源时，电源在电路两端建立电势差，驱动自由电荷（如金属导线中的电子）定向移动形成电流。在这一过程中：

电动机类电器（如电冰箱压缩机）通过电磁感应将电能转化为动能；电热类电器（如电热水器）利用电流的热效应（焦耳定律 $Q = I^2Rt$）将电能转化为内能；照明类电器（如 LED 灯）则通过半导体发光原理将电能转化为光能。

正是通过这种能量转化机制，电器得以实现各自的功能。从本质上看，电器的运行过程即是电能按照特定物理规律转化为其他形式能量的过程，而电源则为这一转化提供了必要的能量输入条件。

最强大的放电鱼——电鳗

电池的发明多亏了一种叫电鳗的鱼，是它的放电性启发人们发明了能储存电的电池。

当电鳗进食时，消化系统会将食物中的化学能转化为电器器官需要的能量。这些能量以化学物质的形式储存在电器器官的电动细胞中。当电鳗需要电击时，电鳗通过特殊的肌肉收缩，将电流释放到周围的水中。这种电击能够用来捕食猎物、自卫或进行导航。

小小的电鳗可以产生 300 V 到 800 V 的高压，被称为"水中的高压线"。科学家根据电鳗的发电和放电特性，发明了干电池。

电池就像我们生活中的小助手，它可以把化学能转化为电能，给很多电子设备提供源源不断的动力。手机、手电筒、扩音器等很多用电设备，都离不开电池的贡献。

看一眼需要收藏的知识点

电有强弱吗？

在电力系统与电子技术领域，电的能量特性存在显著的强弱差异。

根据国际电工委员会（IEC）的界定，强电与弱电的划分通常

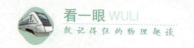

以功能属性为核心，兼顾电压等级、功率大小等技术参数。二者的本质区别在于：强电以能量传输为主要目的，弱电则侧重信号传输与信息处理。强电系统的核心功能是为用电设备提供能量支撑，实现电能向其他形式能量的转化。其典型特征为：工作电压多在 220 V 及以上（如家用交流电 220 V、工业用电 380 V），输出功率较大。

许多人对强电与弱电的区分存在认知误区，单纯以 36 V 作为电压分界点判定强弱电。事实上，这种划分方式并不严谨——强弱电的本质区别在于能量属性与功能定位，而非单一的电压数值。

根据国际电工委员会（IEC）及 GB/T 50314–2015《智能建筑设计标准》，强弱电的界定需综合电压、功率及用途：

强电系统以能量传输为核心，侧重电能向机械能、热能等形式的转化，典型工作电压为 220 V/380 V，输出功率通常大于 100 W；弱电系统以信息处理为核心，侧重电信号的传输与处理，工作电压多 ≤ 36 V，功率一般小于 10 W。

以 12 V 电源为例：若驱动玩具车电机（功率 ≥ 5 W），此时 12 V 电源用于能量转换（电能→动能），属于强电应用；若为电子门铃电路（功率 ≤ 1 W）供电，用于声信号的电转换与传输，则属于弱电范畴。

可见，相同电压下，功率大小与能量用途是区分强弱电的关键因素。只有综合考量能量传输特性与功能定位，才能准确界定电气系统的属性。

世界各国的交流电

傍晚，小明放学回到家，迫不及待地问爸爸："爸爸，小天国庆节要出国玩，他说要带转接头过去，要不很多电子产品都用不了。转接头是什么？为什么要带转接头呢？"

爸爸正在用电脑工作，听到后回头问小明："小天要去哪个国家啊？"

小明说："小天说他们全家国庆节要去美国玩。"

爸爸说："哦，怪不得了！美国的电压标准和咱们国家不一样，确实需要带个转接头。转接头就是一个电压转换器，能把高电压转换成低电压，也能把低电压转换成高电压。"

小明继续问："美国的电压和咱们有什么区别呀？"

爸爸说："咱们国家的用电设备适合的供电电压是 220 V，而美国的供电电压是 110 V，差了一倍呢！当然需要用转接头转换一下了。"

看一眼就能记住的知识点

世界各国用的电还真不一样

受地理历史与技术标准影响，全球单相民用交流电压体系主要分为 100 V、110 ～ 120 V 和 220 ～ 230 V 三大类，配套频率多为 50 Hz 或 60 Hz。

具体来看：

1. 日本（100 V/50 ~ 60 Hz）；

2. 美国、加拿大、墨西哥等约30个国家和地区使用110 ~ 120 V/60 Hz 电压（如美国标准为 120 V/60 Hz）；

3. 中国（220 V/50 Hz）、英国（230 V/50 Hz）、德国（230 V/50 Hz）等约120个国家遵循220 ~ 230 V/50 Hz 标准，其中欧洲多数国家在21世纪初将标称电压统一为230 V，但兼容原220 V 设备。

为何我国电网采用 220 V 交流电，而非 110 V 体系？从安全角度看，较低电压似乎更具优势，这需从电力系统的发展历程与物理原理展开分析。

早在19世纪末20世纪初，爱迪生发明了直流电（DC），而特斯拉发明了交流电（AC）。直流电的特点是稳定、易于控制，但是传输距离有限、损耗大、成本高。交流电的特点是波动、难以控制，但是传输距离远、损耗小、成本低。

到底是用直流电还是交流电呢？美国选择了一个折中方案。当时美国已经铺设了110 V直流电力网，如果改用 220 V交流电，就需要重新布线和更换设备，成本太高。所以，美国决定采用 110 V交流电系统，这样既可以利用现有的直流设备，又可以享受交流电的优势。

而我国电力系统建设直接采用 220 V 交流电标准，避免了设备更新的沉没成本。

220 V 与 110 V 的技术对比：

1. 能量传输效率：

根据电功率公式 $P = UI$，传输相同功率时，220 V 电压对应的电流仅为 110 V 的 $\frac{1}{2}$。由 $P_{损} = I^2R$ 可知，线路损耗与电流平方成反比，220 V 系统的损耗仅为 110 V 的 $\frac{1}{4}$。

这意味着：

导线截面积可减小（降低材料成本）；导线发热功率降低，火灾风险与绝缘要求同步下降。

2. 远距离传输优势：

高压输电是电力系统的核心原则（如超高压输电达 500 kV 以上），220 V 相对于 110 V 更接近高压输电的起始电压等级，在区域电网传输中可减少升压层级，提升整体效率。

安全性与适用性的科学认知事实上，"安全电压"的界定需综合绝缘设计与防护措施。220 V 与 110 V 均属非安全电压（安全电压 ≤ 36 V），但通过接地保护、绝缘材料等技术手段，两者均可实现安全应用。现代电器设计已充分考虑电压兼容性，两种体系在家庭使用中并无本质功能差异，其选择更多由历史标准与电网规划决定。

看一眼需要收藏的知识点

是不是 110 V 电压更安全呢？

从电学安全原理来看，较低电压通常对应较低的触电风险，因此 110 V 电压似乎比 220 V 更安全。有研究表明，在相同人体电阻条件下，110 V 交流电引发心室颤动的时间比 220 V 延长约 100 ms。但不容忽视的是，110 V 与 220 V 均远高于安全电压阈值（≤ 36 V），二者在触电危险性上的差异，已被超出安全范围的本质属性所覆盖。

事实上，触电安全性的核心决定因素是流经人体的电流大小，国际电工委员会（IEC）规定，成年人体通过 50 mA 以上电流时，将引发致命的心室颤动。假设干燥皮肤电阻约 1000 Ω，110 V 电压下流经人体的电流约 110 mA，220 V 则达 220 mA，均远超安全阈值。

值得注意的是，人体电阻并非固定值 —— 潮湿环境下电阻可降至 500 Ω 以下，此时即使接触 110 V 电压，电流也会超过 200 mA。因此，无论是 110 V 还是 220 V，均需通过接地保护、绝缘防护等措施确保用电安全，而非单纯依赖电压数值的高低。

若将美国电饭锅接入我国电网，能否安全运行？

美国电饭锅额定电压通常为 110 ~ 120 V（标准 120 V）、频率 60 Hz，其内部电热元件、控制电路及绝缘设计均按该参数匹配。我国电网电压为 220 ~ 230 V（标准 220 V）、频率 50 Hz，若直接接入：

1. 电压不匹配风险：根据电功率公式 $P = \dfrac{U^2}{R}$，电阻性负载（如电热丝）在电压翻倍时功率增至 4 倍，会导致电热元件急剧过热，绝缘层加速老化，甚至引发短路起火；

2. 频率兼容性影响：虽电饭锅以电阻性负载为主（频率影响较小），但部分机型若含电感式定时器或滤波电路，50 Hz 与 60 Hz 的频率差异可能导致磁芯损耗增加，长期使用会降低元件寿命。

同理，我国 220 V 电饭锅接入 110 V 电网时，因实际功率降至额定值的 $\dfrac{1}{4}$，加热效率大幅下降，标准煮饭时间将延长至 2 ~ 3 小时，且可能因加热不足导致食物夹生。

安全方案：需配置功率 ≥ 电饭锅额定功率 1.5 倍的降压变压器

（120 V/220 V），且变压器需通过 UL 或 3C 认证，避免过载引发安全隐患。使用前务必核查设备铭牌标注的电压频率范围，部分新型号若支持 100～240 V 宽电压输入，则无需额外转换。

知 识 岛

电的旅程：从生产到应用的物理路径

电能的产生、传输与消耗具有实时同步的特性。在电力系统中，发电厂（如火力、水力发电站）将其他形式的能量转化为电能后，需依次经过以下技术环节：

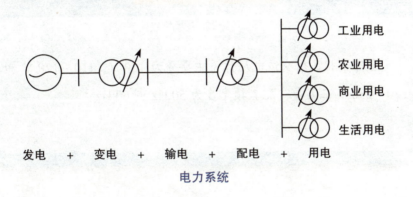

工业用电
农业用电
商业用电
生活用电

发电 ＋ 变电 ＋ 输电 ＋ 配电 ＋ 用电

电力系统

1.升压变电：通过升压变压器将电压提升至 110 kV ～ 500 kV（甚至更高），根据电功率公式 $P = UI$，在传输功率 P 一定时，提升电压 U 可降低电流 I，从而按焦耳定律 $Q = I^2Rt$ 减少线路损耗（R 为导线电阻）；

2.高压输电：利用架空输电线或地下电缆，将电能以超高压形式输送至远距离负荷中心；

3.降压配电：通过降压变电站将电压逐步降至 10 kV ~ 380 V，再经配电变压器降至 220 V / 380 V，匹配民用及工业用电设备。

这一完整流程构成 "发电—升压变电—输电—降压配电—用电" 五个技术环节。由各类发电厂、变电站、输电线路及电力用户通过电气设备互联形成的有机整体，称为电力系统，其运行遵循电磁感应、电路理论等物理规律。

看一眼
就懂的物理学常识

全球单相民用交流电压体系主要分为 100 V、110 ~ 120 V 和 220 ~ 230 V 三大类，配套频率多为 50 Hz 或 60 Hz。

附录3 初中物理公式大全

一、力学公式

1. 速度与运动

速度定义公式：$v = \dfrac{s}{t}$

求时间：$t = \dfrac{s}{v}$ 求路程：$s = vt$

电磁波、光在真空中传播的速度：$c = 3 \times 10^8 \ m/s$

声音在 $15°C$ 的空气中传播的速度约为 $340 \ m/s$

2. 重力与密度

重力公式：$G = mg$

密度公式：$\rho = \dfrac{m}{v}$

冰与水之间状态发生变化时：$Gm_水 = m_冰$，$\rho_水 > \rho_冰$，$v_水 < v_冰$

胡克定律：$F = kx$

3. 压强与浮力

压强公式：$p = \dfrac{F}{S}$

液体压强公式：$p = \rho g h$

浮力公式：$F_浮 = \rho_液 V_排 g$（排水法）

浮力计算方法：

（1）压力差法：$F_浮 = F_1 - F_2$（根据受力分析）

（2）称重法：$F_浮 = G_物 - F$（F为物体受到的拉力）

（3）漂浮/悬浮：$F_浮 = G_物$（二力平衡）

4. 功与机械能

功的定义公式：$W = Fs$（s为力方向上的距离）

功率：$P = \dfrac{W}{t} = Fv$（v为物体运动的速度）

机械效率：$\eta = \dfrac{W_有}{W_总} \times 100\%$

二、热学公式

1. 热量与比热容

升温吸热：$Q_吸 = cm（t - t_0）$（质量m，比热容c）

降温放热：$Q_放 = cm（t_0 - t）$

合并为：$Q = cm\Delta T$

水比热容：$c_水 = 4.2 \times 10^3 \text{ J/（kg · ℃）}$

2. 燃料燃烧时放热

燃料的热值：$q = \dfrac{Q_放}{m}$（m 为燃料的质量，$Q_放$ 为放出的热量）

三、电学公式

1. 电流与电阻

电流定义式：$I = \dfrac{Q}{t}$（Q 为电荷量）

电阻：$R = \rho \dfrac{L}{S}$

欧姆定律：$I = \dfrac{U}{R}$

2. 电功与电功率

电功：$W = Pt = UIt$（普适公式）

$$W = I^2 Rt = \dfrac{U^2}{R} t \text{（纯电阻公式）}$$

电功率：$P = UI = I^2 R = \dfrac{U^2}{R}$（普适公式）

$$P = I^2 R = \dfrac{U^2}{R} \text{（纯电阻公式）}$$

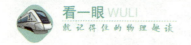

3. 电路特性

串联电路：电流相等 $I_1 = I_2 = I_3$，总电阻 $R_总 = R_1 + R_2 + R_3$

并联电路：电压相等 $U_1 = U_2 = U_3$，总电阻 $\dfrac{1}{R_总} = \dfrac{1}{R_1} = \dfrac{1}{R_2} = \dfrac{1}{R_3}$